D1923580

DON BOSCO
VERLAG

Allen Hobby- und Festdichtern
gewidmet

Bruno Horst Bull (Hrsg.)

Verse zum Feiern

Glückwünsche für jeden Anlaß

Don Bosco Verlag

Die Deutsche Bibliothek – CIP-Einheitsaufnahme

Verse zum Feiern : Glückwünsche für jeden Anlass / Bruno Horst Bull (Hrsg.).
– 3., veränd. Aufl. – München : Don-Bosco-Verl., 1991
ISBN 3-7698-0679-4
NE: Bull, Bruno Horst [Hrsg.]

3. veränderte Auflage 1991 / ISBN 3-7698-0679-4
© by Don Bosco Verlag, München
Umschlaggestaltung und Illustrationen: Erika Meier-Albert, München
Satz: Salesianer-Druckerei, Ensdorf / Opf.
Druck- und Bindearbeiten: Echter Würzburg, Fränkische Gesellschaftsdruckerei und Verlag GmbH

Inhalt

KLEINE GEBRAUCHSANWEISUNG

Wer Nettes gern in Reimen sagt
und nicht nach Zeit und Mühe fragt,
der kann mit diesem Buch viel machen;
er erntet Dankbarkeit und Lachen,
und das gewiß aus jedem Text.
Was hier gereimt, ist nicht gehext,
und was entstand, was hier zitiert,
ist in der Praxis ausprobiert.
So darf man's, ohne sich zu schämen,
zum eigenen Nutzen übernehmen,
auch manches ändern, wenn es nötig,
erweitern, bessern, selbst vierschrötig
ein wenig pfeffern, wer's verträgt.
So wird's als Kärtchen hingelegt,
fein sauber vorher abgeschrieben;
auch aufgesagt im Kreis der Lieben,
in der Kommune, Schulgemeinde,
im Kirchenleben, im Vereine.
Festwünsche kann man immer hören,
da sie gefallen und nicht stören.
Mit Ruhm und Lorbeer wird bekränzt,
wer so als Vortragskünstler glänzt!

1. Glückwünsche im Lebenslauf

VORFREUDE

Das Kind in Muttis Bauch,
was wird das für ein Gauch?
Wird es ein Struwwelpeter,
wird es ein Schwerenöter,
wird es ein sanfter Engel,
wird es ein Lausebengel,
wird es ein Mädchen gar?
Das wäre wunderbar!
Nur eines wissen wir:
Bald schreit ein Kindlein hier.

SO KLEINE HÄNDE

Sind so kleine Hände, winz'ge Finger dran.
Darf man nie drauf schlagen, die zerbrechen dann.
Sind so kleine Füße mit so kleinen Zehn.
Darf man nie drauf treten, können dann nicht gehn.
Sind so kleine Ohren scharf, und ihr erlaubt:
Darf man nie zerbrüllen, werden davon taub.
Sind so schöne Münder, sprechen alles aus.
Darf man nie verbieten, kommt sonst nichts mehr raus.
Sind so klare Augen, die noch alles sehn.
Darf man nie verbinden, könn'n sie nichts verstehn.
Sind so kleine Seelen, offen und ganz frei.
Darf man niemals quälen, gehn kaputt dabei.
Ist so'n kleines Rückgrat, sieht man fast noch nicht.
Darf man niemals beugen, weil es sonst zerbricht.
Grade, klare Menschen wären ein schönes Ziel.
Leute ohne Rückgrat hab'n wir schon zuviel.

Bettina Wegner

GRÜASS DI GOTT, CHRISTINE!

Daß ma di als neie Nachbarin heit kriagn,
gfreit uns echt.
Brauchst koa Angst ham, daß ma liagn.
Uns is recht,
daß in Pfarrweg oans a hübschs jungs Madl kimmt
– is doch klar –,
damit a in Zukunft s Lebn bei uns stimmt;
sunst waars schwaar.

Mia vom Pfarrweg drei sogn: Grüaß di nachad!
So sollst wern:
gsund, schee, gscheid, guat, liab und „lachad".
Mogst des gern?
Unser Ruth hat dir aus feinster Woll was gstrickt,
daß' net zwickt.
Laß dirs guat geh bei da Mamma, bei deim Babba
und deim Bruada,
süaß kloans Luada!

Reinhold Hector

ZUR GEBURT EINES JUNGEN

Ein Kind ist geboren!
Mit rosigen Ohren,
mit kräftiger Lunge,
ein richtiger Junge.
Die blitzblauen Augen
zum Rumgucken taugen.
Zwei kräftige Beine
hat er auch schon, der Kleine.
Wie rund ist sein Mund;
dies Kind ist gesund.
Seinen Weg wird es machen,
kann es heut doch schon lachen!

UNSER NACHWUCHSKÜNSTLER

Wir haben ständig Nachtmusik
in unserer Neubauwohnung.
Schon baten Nachbarn uns empört
um Rücksicht und um Schonung.
Der Künstler, der bei uns so singt,
hat dafür kein Verständnis.
Mit seinen schrillen Arien bringt
er Mutti in Bedrängnis.

Sie ist nervös, möcht ihren Schlaf
und nichts von Musik hören,
doch unser Künstler ist nicht brav,
er läßt sich gar nicht stören.
Er tremoliert die ganze Nacht
und schreit aus voller Lunge.
Der Klapperstorch hat ihn gebracht,
drei Wochen ist der Junge!

DER NACHWUCHS

Die dunklen Augen wie vom Reh,
ein rundes Bäuchlein, wie ich seh,
die Haut wie Milch und Marzipan,
das weiße Hälschen wie ein Schwan;
schaut euch den süßen Fratz nur an!
Die Lippen wie zum Küssen fein,
wem wird er denn wohl ähnlich sein –
mit Haaren wie ein kleiner Aff?
Ganz der Papa, – Mama ist baff!

FÜR RATLOSE ELTERN

Euer Mädchen, süß – zum Beißen!
Doch wie soll die Kleine heißen?
Anna, Berta, Christa, Deike,
Edith, Frieda, Gaby, Heike?
Iris, Jutta, Klara, Lia,
Martha, Nina, Olga, Pia?
Quinta, Rosa, Steffi, Tine,
Ulla, Vroni, Wilhelmine,
Xandra, Yvonne, Zölestine?
Liebe Eltern, nicht so eilig:
Kind und Name sei'n euch heilig!

Reinhold Hector

VOR DER TAUFE

Liebe(r) ..., du bist bereit,
die Taufe zu empfangen.
Wir sind gern mitgegangen;
Gott geb dir stets Geleit!
Es soll dir wohl ergehn;
dein Lebensweg auf Erden
soll gut und friedvoll werden:
das woll'n wir nun erflehn.
Des (Der) Heiligen ... Namen
soll dir stets Ansporn geben,
wie er (sie) als Christ zu leben.
Wir sagen freudig: Amen.

DER TAUFPATE ZUR KOMMUNION

Als ich dich einst zur Taufe trug,
da folgte uns ein kleiner Zug,
der sich aus Omas und aus Tanten
und allen männlichen Verwandten
in Festesfreude schön formierte
und dir den Beistand garantierte.
Da du nun älter schon an Jahren,
kamen sie wieder hergefahren,
um jetzt zu deiner Kommunion
in hochgemutem – frohem Ton
die Festgeschenke dir zu geben,
wie es der Brauch im Lande eben.
Und siehe da, von jenen allen,
die dir zu deinem Wohlgefallen
gegeben haben das Geleit,
fehlt in dem Kreise keiner heut.
Das ist, wenn ich es recht bedenk',
wohl das schönste Festgeschenk.

Leo Ernstberger

ZUR FIRMUNG ODER KONFIRMATION

Ich kann dir für den Weg ins Leben
nur meine besten Wünsche geben.
Dir bleibe Not und Unglück fern:
stets strahle dir ein guter Stern!

BEGRÜSSUNG DER KONFIRMANDEN

Ich grüße alle Konfirmanden
und alle, die aus Herzensbanden
sich hier zu dieser Feier fanden.
Ich bin von Haus aus ein Pedant,
drum frag ich deutsch und penetrant:
Was aber ist ein Konfirmand?
Ich mache fix mich auf die Suche
und find in einem schlauen Buche,
daß aus Latein das Wort entstand:
schön firm zu machen sei das Kind,
wo noch im Glauben Lücken sind.-
O sagt mir, liebe Alten, bloß,
seid ihr im Glauben lückenlos?-
Nun gut, ein junger Mensch natürlich
ist darin noch mehr ruinierlich.
Doch wenn ein junger Mensch sich gibt
in eines Pastors Schutz und Schirm,
der Psalmen und Gesangbuch liebt,
der macht die Konfirmanden firm!
Bei Spiel, im Schlaf und hinterm Ofen
und in der Diskothek beim Schwofen,
da lernen sie Gesangbuchstrophen;
sie werden firm und immer firmer,
sie werden wahre Gipfelstürmer
und spähn nach langen Psalmen aus;
mit christlich reinem Optimismus
bestürmen sie das Elternhaus
und prüfen rings auf Katechismus,
so daß am Ende jeder spürt:
Dies Kind gehört jetzt konfirmiert!
So sollen nun aus Konfirmanden
ganz firme Konfirmierte werden;
ob sie auf firmem Glauben landen,
entscheidet keiner hier auf Erden.
Wir können nur die jungen Freunde,
ob nun konform, ob schon konfirm,
empfehlen dieser Kirchgemeinde
und auch in Gottes Schutz und Schirm.

Kurt Rose

DER JUNGE GASTGEBER LÄDT EIN

Hereinspaziert! Hereinspaziert!
Ich lade alle ein.
In diesem Hause soll doch heut
Geburtstagsparty sein.
Hereinspaziert! Hereinspaziert!
Hier gibt es Milch und Kuchen.
Auch Torte und Orangensaft
darf jeder Gast versuchen.
Hereinspaziert! Hereinspaziert!
Geschenke seh ich gern.
Doch wer mir heut nichts schenken kann,
der bleibe ja nicht fern!
Hereinspaziert! Hereinspaziert!
Wir wollen fröhlich sein;
und ich als das Geburtstagskind,
ich lade alle ein.

GEBURTSTAG IM KINDERGARTEN

Melodie: „Fuchs, du hast die Gans gestohlen"

Wenn der (die) ... Geburtstag hat,
dann bilden wir den Kreis, bilden wir den Kreis,
‖: singen froh mit heller Stimme:
Glückwunsch, Naseweis! :‖

1. Kind
Wenn der (die) ... Geburtstag hat,
dann bring ich einen Strauß, bring ich einen
Strauß,
‖: singe drauf mit voller Stimme:
Servus, altes Haus! :‖

2. Kind
Wenn der (die) ... Geburtstag hat,
dann gibt's ein Kuchenstück, gibt's ein
Kuchenstück,
‖: und ich sing mit lauter Stimme:
Leckermaul, viel Glück! :‖

Die Kinder singen der Reihe nach einen selbstgefertigten Vers, wobei jedes ein kleines, vielleicht ebenfalls selbstgebasteltes Geschenk überreicht.
Zum Schluß singen dann wieder alle gemeinsam. Nach diesem „Muster", aber auch nach anderen Melodien, kann man auch in Gesellschaft zum Geburts- oder Namenstag gratulieren. Bei einem Kinderfest oder einer sonstigen Party wird jeder Gast mit einem hausgemachten Vers konkret bedichtet und besungen.

AN DIE SCHWESTER

Liebe Schwester, viele Gaben
möchtest du wohl sicher haben:
Püppchen, Spiele und noch mehr,
Stoffmatrosen, Teddybär.
Hätt ich Geld, es dir zu kaufen,
kauft ich einen ganzen Haufen;
mein Geschenk ist leider klein,
dennoch sollst du glücklich sein!

ALLES GUTE, LIEBER SPATZ!

Da du heut Geburtstag hast,
wären wir zwar gern zu Gast;
doch wir sind auf alle Fälle
schon mit unserm Gruß zur Stelle,
wünschen dir den schönsten Traum:
Wachse wie ein starker Baum!
Mag das Glück in deinem Leben
dir aus reichem Füllhorm geben!
Bleib gesund und sei gegrüßt,
und was sonst noch wünschbar ist,
sagen wir mit einem Satz:
Alles Gute, lieber Spatz!

HEUTE IST GEBURTSTAG

Geburtstag ist heut,
das freut alle Leut,
es sagt groß und klein:
„Geburtstag ist fein!"
Da fragt klein und groß:
„Wann geht's endlich los?"
Für 'ne zünftige Feier
ist uns echt nichts zu teuer.
Und weil du es bist,
dessen/deren Ehrentag ist,
und weil er – ganz klar! –
nur einmal im Jahr,
wird heut laut musiziert,
getanzt, jubiliert,
getrunken, gegessen
und bestimmt nicht vergessen,
zu schrei'n noch und noch:
„Hoch lebe er/sie, hoch!"
Das ist so der Brauch,
und du weißt das auch;
und mußt du auch pumpen,
du läßt dich nicht lumpen,
wirst, die dich belästigen,
doch fürstlich beköstigen.

GEBURTSTAGSWUNSCH

An einem Tag im Jahr
ist alles, alles wunderbar:
wenn wir Geburtstag feiern
in Preußen oder Bayern.
Die zahlreichen Geschenke
erfreu'n dich, wie ich denke,
auch wenn nicht jedes paßt,
da du schon alles hast.
Weil Blumen dich erfreuen,
tu ich mich heut nicht scheuen
und bringe dir ins Haus
hier diesen bunten Strauß.
Die Rosen und die Nelken,
die mögen schnell verwelken,
doch du sollst ewig blühn,
frisch wie das Immergrün.
Genug, was ich gedrechselt,
das Thema sei gewechselt:

Ich bin hierher gekommen,
hab mir ein Herz genommen,
um dir zu gratulieren
und mich – zu amüsieren.
So sag, was wird es geben?
Gar lustig ist das Leben
bei Kuchen und bei Torte.
Ich mach nicht viele Worte,
sag nur: Gott mög dich schützen
vor Donner und vor Blitzen
und freundlich darauf achten,
daß wir hier nicht verschmachten!

ZUM GEBURTSTAG DES GROSSVATERS

(Ein kleiner Handelsmann mit Bauchladen tritt auf)

Ein flinker Händler kommt herein.
Kauft ein, ihr Leut! Kauft fleißig ein.
Ihr Leute, kauft! Was seh ich da?
Dort sitzt der gute Großpapa!
Ich hörte schon bei Nachbar Meier,
hier sei heut Geburtstagsfeier.
Verehrter Opa, sei gegrüßt
und herzlich auf den Bart geküßt!
Ich schenke dir als Handelsmann,
was ich nur grad entbehren kann:
ein Fläschchen Schnaps, Zigarren, Wein.
Das alles möge dich erfreun!

ZU GROSSMUTTERS EHRENTAG

Heut gibt es ein ganz besonderes Fest,
bei dem sich die Großmama feiern läßt.
Die Oma, sie ist eine gute Frau,
das wissen wir alle ganz genau.
Sie hat's gar nicht gern, wenn wir sie hofieren,
die Oma will lieber selbst kommandieren,
für andere da sein und sie beschenken;
daran wollen wir aber heute nicht denken.
Wir wollen sie loben: ihr sanftes Gemüte,
ihr Wohltun und ihre Herzensgüte.
Großmutter ist immer für andere da
und macht deswegen überhaupt kein Trara,
sie steckt ihrem Enkel ein Taschengeld zu,
ist freundlich mit jedem auf du und du.
Sie lindert im stillen so manches Weh,
ist bei allen Problemchen noch voll auf der Höh;
sie ist wie ein Engel hier auf Erden,
unsereiner muß das erst noch werden.

ZUM GEBURTSTAG EINES ONKELS

(von einem kleinen Neffen vorzutragen)

Guten Morgen, sollt ich sagen,
und ein schönes Kompliment,
und die Mutter ließ auch fragen,
wie der Onkel sich befänd!
Und der Strauß wär aus dem Garten,
falls du etwa danach fragst.
An der Türe sollt ich warten,
ob du mir auch etwas sagst.
Und hübsch grüßen sollt ich jeden
und ganz still sein, wenn man spricht.
Und recht deutlich sollt ich reden.

Aber schreien sollt ich nicht.
Doch ich sollt mich auch nicht schämen,
denn ich wär ja brav und fromm,
nur vom Kopf die Mütze nehmen,
wenn ich in das Zimmer komm.
Wenn mir eins was geben wollte,
sollt ich sagen: Danke schön!
Aber unaufhörlich sollte
ich nicht nach der Torte sehn.
Und hübsch langsam sollt ich essen.
Stopfen wär hier nicht der Brauch,
und (bald hätt ich es vergessen)
gratulieren sollt ich auch.

Julius Lohmeyer

VATER SAGT EIN GEDICHT AUF

(zu Omas Geburtstag)

Ihr lieben Gäste, ich klopfe ans Glas,
ich möchte heut', denn es macht mir Spaß,
was Selbstgereimtes euch vorzustellen –
He, Pfiffi! Mußt du gerade jetzt bellen?
Die liebe Oma wird heute, ihr wißt –
Nun seht doch einmal, wie Peter frißt!
Ja, Junge, kannst du nicht etwas warten,
bis wir gemeinsam zum Schmause starten?
Entschuldige, Oma, die lieben Kleinen –
Nun fängt doch weiß Gott noch die Ruth an zu weinen!
Komm, Ruthchen, sei ruhig und schau nicht verdutzt.
Ich wart auch, bis Mama die Nase dir putzt.
Wir wissen doch alle, du, liebe Oma –
Eh, Kinder, benehmt euch! Was macht ihr da?
Du hast es verdient, daß Gott dich behüte –
Franz bohrt in der Nase, du meine Güte!
Wer kann schon bei diesem Krach und Radau
sein Sprüchlein aufsagen? Haargenau
ein dreiviertel Hundert ist Oma heut alt –
Fred, schlürf nicht! Du glaubst wohl, dein Kaffee wird kalt?
Bei diesen Kindern kann reden, wer mag.
Doch heute ist Großmutters Ehrentag.
Ach, Oma, ich würde ein Machtwort reden,
doch du verhätschelst ja alle und jeden,
und das kommt bei deiner Nachsicht heraus;
sie halten's nicht fünf Minuten aus.
Sie stören und können nicht stille sein,
drum halt ich mit meinem Gedichte ein
und sag nur noch: – *Peter, schubs Ruthchen nicht!*
Die Großmama lebe – *ich krieg dich, du Wicht,*
an deinen Ohren und ziehe sie noch
ein Stückchen länger! – Hoch, hoch, hoch!

ZUM 30. GEBURTSTAG (DER TOCHTER)

Solange es nur drei Sperlinge sind,
entläßt man sie leicht
in den Morgenwind.
Sind's drei Jahrzehnte,
die dir entfliegen,
wird das vermutlich schon schwerer wiegen.
Staunen wirst du
und fragen, mein Kind,
wo sie denn plötzlich geblieben sind.
Sag nicht zu lange „leb wohl" und „bye bye",
denn Neues und Schönes kommt jetzt an die Reih'!

Elli Michler

WIE SCHÖN, DASS ES DICH GIBT!
(beim Überreichen eines Schokoladenigels)

Wir feiern heut in dieser Runde
die für uns alle frohe Stunde,
als die Menschheit sich vermehrte
und Gustel B. der Welt bescherte.
Bald 70 Jahre sind gegeben
zur Entfaltung für sein Leben.
Dies Ereignis woll'n wir achten,
indem wir einen Igel schlachten.
Ich brauche ja an diesem Orte
mich nicht bemühn um viele Worte.
Ein Mensch, der weiß, daß er wen liebt,
sagt nur: Wie schön, daß es dich gibt!

Elmar Gruber

SOMMERWUNSCH

Über alle Gartenzäune
wuchert üppig dunkles Grün,
Lilien und Ackerwinden,
Türkenbund und Rosen blühn.
Rote Beeren an den Sträuchern,
weiße Wolke westwärts zieht,
die Laternenblumen leuchten,
und die Amsel pfeift ihr Lied.
In der schönsten Zeit des Jahres
hast du deinen Ehrentag,
und ich komme, dir zu sagen,
daß ich dich von Herzen mag.
Labe dich am Duft der Rosen,
freue dich, um zu genießen;
überall gibt's Not und Sterben,
laß dir nicht die Lust vermiesen.
Sollst dir deinen Traum bewahren,
da noch alles grünt und sprießt,
daß du unter tausend Blüten
niemals die Zerstörung siehst.

ZUM 80. GEBURTSTAG

Mit 80 ist, wie jeder weiß,
normalerweis der Mann ein Greis.
Doch unser ..., zwar bejahrt,
ist keineswegs von solcher Art:
Er zeigt mit seinen 80 Jahren
noch fast ein jugendlich Gebaren.
Aufrechten Gangs, mit vollem Haar,
stellt heut sich unser Jubilar
als ein ganz seltnes Exemplar
von wahrhaft ewiger Jugend dar.
Wie jung er aber wirklich ist,
das zeigt – wie ihr ja alle wißt
und rühmen dürft in diesem Kreise –
bei ihm sich auf besondre Weise:
Der lieben Frau gilt all sein Sorgen,
... ist bei ihm geborgen.
Gott wahr ihm diese Art von Jugend
und mach aus seinem Alter Tugend.

Leo Ernstberger

DEM LEHRER ZUM GEBURTSTAG

Guten Morgen, Herr Lehrer, ich möcht gern was sagen,
und ich weiß nicht, wie ich es sagen soll:
Es ist schon wahr, wir triebens's oft toll
mit dem Lärmen, Raufen und Puffen und Schlagen,
wenn wir uns so in den Haaren lagen:
Sünden, ein ganzer Buckel voll!
War es auch manchmal kaum zu ertragen:
Es tut uns alles von Herzen leid,
und es wird wohl auch besser mit der Zeit.
Das alles habe ich sagen wollen,
weil wir Ihnen heut Glück wünschen sollen,
damit Sie sehen, wie uns zu Mut ist,
daß unser Wille eigentlich gut ist.
So, das wär nun gesagt, und nun wünschen wir eben
Gesundheit und Glück und ein langes Leben.
Und seinen allerreichsten Segen
soll der Herrgott zu unseren Wünschen legen
und alles, was Ihr Herz erfreut!
Und wir wollen uns bessern!
Zumindest für heut.

Hulda M. Mical

DER LEHRERIN ZUM GEBURTS- ODER NAMENSTAG

(mit einem Blumenstrauß)

Wir haben diesen Strauß gebracht,
damit er Ihnen Freude macht;
da stecken alle Wünsche drin
für Sie, unsere liebe Lehrerin.

Volkstümlich

DEM BERUFSTÄTIGEN VATER

(am Morgen seines Geburts- oder Namenstages aufzusagen)

Lieber Vater, jeden Tag
gehst du aus dem Haus.
Heute kommst du früher heim,
ruhst dich richtig aus.
Jeden Tag zur Arbeit gehn,
das strengt wirklich an!
Kommt die Feierabendzeit,
freut sich jedermann.
Mancher geht zum Turnverein,
mancher geht zum Bier.
Mancher trinkt ein Gläschen Wein,
mancher drei bis vier.
Jeder tut vergnügt und froh,
was er gerne will.
Nur bei dir wird's nach dem Dienst
niemals richtig still.
Immer denkst du ans Geschäft,
im Büro, zu Hause;
nur wenn du vorm Fernseher schläfst,
machst du einmal Pause.
Darum ist es unser Wunsch,
lieber Vater: Halt!
Tritt doch bitte etwas kürzer,
Arbeit macht schnell alt.
Doch wir wollen dich gesund
noch für fünfzig Jahre.
Sorgenlast verschone dich,
keine Falten im Gesicht
und nie graue Haare!

ALLES GUTE ZUM NAMENSTAG

Du und deines Heiligen Namen
bilden heut den festlichen Rahmen.
Liebe(r) ..., nütz dein Leben,
nach der Heiligkeit zu streben.
Trachte nach der Heiligen Schein,
ohne schein-heilig zu sein!
Für uns andre heißt's – nicht kichern –:
rechtzeitig Reliquien sichern!
Denn fast ist es schon so weit:
Hoch lebe deine Heiligkeit!

Reinhold Hector

ICH WÜNSCHE DIR GLÜCK UND SEGEN

Ich wünsche dir Glück und Segen:
Es möge dir Gutes geschehn.
Du brauchst aber nun nicht deswegen
mit Eifer am Glücksrad zu drehn.

Was ich meine, kommt oft nur ganz leise
und vor allem von innen her.
Ein Glück ist doch beispielsweise
schon die Abwesenheit von Malheur.

Ich wünsche dir Glück und Segen.
Das muß nicht der Wohlstand sein.
Ein bißchen davon - meinetwegen,
doch bestimmt nicht nur Reichtum allein.

Ich wünsche dir Glück und Segen.
Es öffne dein Fenster sich weit:
Dann ist mit dem Windhauch zugegen
das Glück sich erfüllender Zeit.

Elli Michler

NAMENSTAG IM KINDERGARTEN

Ablauf: Einzelne Kinder oder kleine Gruppen tragen ihre Wünsche vor, dann singt die Gruppe das Lied und bewegt sich im Kreis um das Namenstagskind.

Henriette Syndikus

ZUR GENESUNG EINES LEHRERS

Wir freuen uns, Herr Lehrer,
Sie wieder hier zu sehn,
denn Ihre lange Krankheit,
die war bestimmt nicht schön.
Doch heute zur Genesung
verspricht die Klasse froh,
Sie niemals mehr zu ärgern!
Gefällt es Ihnen so?

ICH WÜNSCH' DIR GUTE BESSERUNG

Ich wünsch' dir gute Besserung,
nicht nur dem Leib, auch deiner Seele.
Auch sie bedarf der Kräftigung,
selbst wenn du glaubst, das das nicht zähle.

Von deinem Schmerz an Arm und Bein
im Lehrbuch viel geschrieben steht,
doch wenn sie tiefer sitzt, die Pein,
dann weißt nur *du,* worum es geht.

Es helfen dir dann kaum noch Tropfen,
und keine Salbe macht dich heil.
Es gilt, die Seele abzuklopfen
und ihr zu geben ihren Teil.

Der Krückstock wird fürs Bein gebraucht,
daß es an Kraft nicht fehle.
Doch ist die Seele erst verstaucht,
bedarf es starker Pfähle.

Ich wünsch' dir gute Besserung.
Es soll nun täglich aufwärtsgehn.
Kommt deine Seele erst in Schwung,
dann wird's dein Körper überstehn.

Elli Michler

GENESUNGSWUNSCH

Liebe Oma, du warst krank,
doch jetzt geht es, Gott sei Dank,
dir bald gut. Drum spricht dein Klaus:
Mach dich aus dem Bett heraus!
Werde wieder ganz gesund,
denn die Katze und der Hund,
Mama, Papa und auch ich:
alle Mann vermissen dich!

LIEBER SIGI SOMMER!

So wiara Fruahjahr ohne Mai,
so wiara Schnupfer ohne Schmai,
so wiara Angler ohne Würm,
wia München ohne Frauentürm,
der Augustiner ohne Bier,
wia ohne Zahnderl a Vampir,
so wiara Radi ohne Salz,
a Fingerhakler ohne Schmalz,
so wiara Weißbier ohne Schaum,
so wiara Wald ganz ohne Baum,

so wiara Lehrer ohne Schui,
wias Rathaus ohne Glockenspui,
so wia de Isar ohne Bett,
so war jetzt wochenlang d'AZ
am Freitag ohne Blasius.
Doch damit is jetzt endlich Schluß.
A Zeitlang war da Sigi krank,
jetzt schreibt er wieder, Gott sei Dank.
Es wünscht dir, daß d' recht gsund jetzt bleibst
und möglichst lang no weiter schreibst
im Namen a von meinem Haus
Dein

Franz Josef Strauß

AZ = Münchener Abendzeitung; Blasius = Pseudonym für Sigi Sommer (Kolumnist, bundesweit bekannter Mundartdichter)

VERLOBUNGSGRUSS

(von einem Kind aufzusagen)

Meine Mutter hat gesagt,
ihr würdet bald ein Pärchen.
Ihr gingt jetzt immer Hand in Hand
und krümmtet euch kein Härchen.
Ihr würdet immer glücklich sein
und stets auf Rosen gehen.
Da habe ich bei mir gedacht:
Das mußt du auch mal sehen!
So komm ich heute zu euch her.
Ich soll auch vielmals grüßen.
Ich bring zwölf Rosen für die Braut
und möcht sie auch mal küssen.

ZUR VERLOBUNG

Ohne Zwietracht, ohne Leid,
voller Glück und Sonnenschein,
so ist die Verlobungszeit.
Mög der Ehstand auch so sein!

DER WINDHUND

Der Windhund schreibt an seine Braut:
„Man hat mir jüngst den Wind geklaut,
so daß ich, treu zwar und gesund,
dich grüße als dein armer Hund."
Die Braut erwidert: „Welch ein Glück!
Komm nur als armer Hund zurück
zu deiner sehr erfreuten Braut –
dem Wind, dem hab ich nie getraut."

Rudolf Otto Wiemer

SPIEL AM POLTERABEND

Am Polterabend wird nicht nur Geschirr zerbrochen; es werden auch Gedichte und Glückwunschverse vorgetragen. Hier eine kleine Spielszene, die Kinder einem Brautpaar vorspielen könnten:
Zwei Buben poltern vor der Tür, danach treten sie vor das Brautpaar.

A: Wir sind zwei Polterabendbuben.
B: Wir treten frech in eure Stuben, zerschlagen Töpfe und Geschirr.
A: Davon wird euch im Kopf ganz wirr.

B: Der Polterabend ist doch was, da macht der Krach uns richtig Spaß!
(Er läßt einen Knallfrosch los.)
A: Am Polterabend gibt es Scherben, die sollen uns die Stimmung nicht verderben!
(Er zerschlägt Geschirr, das er mitgebracht hat.)
B: Die Scherben gehören nun mal dazu, heut abend geben wir keine Ruh!
A: Wer Stille liebt, ruft – Scheibenkleister!
B: Denn wir vertreiben die bösen Geister.
(Er wirft wieder einen Knallfrosch.)
A: Damit das Böse niemals gehe in euer Haus, in eure Ehe!
B: Heut kracht's!
A: Dafür soll's später fein und ohne viel Gepolter sein.
B: Und was das Sprichwort hat parat, das steht auf einem andern Blatt.
A: Die kennen sich, glaub ich, ei der Daus, hier gar nicht richtig in Sprichwörtern aus?!
B: Im Sprichwort heißt es nämlich:
A: Die meisten Polterabende finden in den allermeisten Ehen ...
B: ... erst nach der Hochzeit statt!
A: Trotzdem ...
Beide: Viel Glück auf eurem Lebenspfad!

DER EHELICHE LASTENAUSGLEICH

Hochverehrtes Brautpaar!
Da stocke ich schon, noch bevor ich meine Tischrede an diesem fröhlichen Polterabend überhaupt begonnen habe. Warum heißt es eigentlich *Brautpaar?* Besteht nicht unser Paar, das morgen vor den Traualtar treten will, aus Mann und Frau? Haben wir es in diesem besonderen Fall wie auch im allgemeinen doch nicht mit einem Paar Bräuten zu tun, sondern mit nur einer Braut und einem schmucken und feschen Bräutigam. Müßte ich da nicht besser mit „Liebes Braut- und Bräutigampaar" beginnen? O nein!
Es ist nicht der Herr Bräutigam, den wir in diesem Fall bewundern müssen. Es ist die Braut, die sich mutig getraut hat, dem Manne zu folgen durch dick und dünn, um fröhlich das Ehejoch auf sich zu nehmen. Ja, sie hat echten Mut, unsere junge Braut. Denn wie wird ihr schwerer Ehealltag aussehen?
Schon morgens früh vor Tau und Tag wird sie aufstehen müssen, um rechtzeitig das Frühstück für ihren jungen Ehegemahl vorzubereiten. Sie wird ihm das Honigbrot schmieren, den Kaffee ans Bett bringen und ihren Herzallerliebsten mit den süßesten Leckerbissen verwöhnen.
Sie wird ihm die Morgenzeitung ans Bett tragen. Sie wird ihm die Schuhe putzen, die Hemden bügeln und am Abend geduldig auf seine Heimkehr vom Büro warten. Sie hat ihm fürsorglich die Hausschuhe vorgewärmt, das Bier bereitgestellt, und sie wird nicht murren, wenn er den ganzen Abend über nur die Sportsendungen im Fernsehen anguckt und keine Augen für sie hat.
Sie wird sich trotzdem für ihn hübsch zurechtmachen, wird ihm sein Lieblingsessen servieren, und

sie wird auch nicht ungehalten, wenn er einmal auswärts speisen sollte. Geschäftlich natürlich – mit einer hübschen Dame, oder auch nur mit den Arbeitskollegen an der Theke der Eckkneipe.
Sie wird ihn trotzdem vergöttern und verhätscheln, mindestens drei Jahre lang!
Danach allerdings wird sich die Wende anbahnen. Langsam, aber stetig wird es zu kleinen Änderungen kommen. Dieser Prozeß kann sich über mehrere Jahre hinziehen. Doch spätestens in dem sprichwörtlich bekannten verflixten siebenten Ehejahr ist die Wende vollzogen.
Dann steht der liebe Ehemann früh am Morgen auf, um seinem geliebten Frauchen den Kaffee ans Bett zu tragen. Denn nun steht er voll und ganz unter ihrem Pantoffel. Jetzt muß er ihr das Honigbrot schmieren, die Schuhe putzen und die Hemdbluse bügeln. Er wird das Geschirr abwaschen und sich sein Lieblingsessen selber kochen müssen. Er wird staubsaugen, die Betten machen, und er wird brav nach der Pfeife seines lieben Frauchens tanzen; ohne Murren natürlich, und ganz allein! Die Herzallerliebste wird nämlich am Abend nicht mehr geduldig auf ihn warten. Da er sein ganzes Gehalt am Zahltag brav daheim abliefert und nur ein karges Taschengeld ausgezahlt bekommt, wird er keine Möglichkeit mehr haben, geschäftliche Termine mit verführerischen jungen Damen wahrzunehmen. Er wird auch seinen Arbeitskollegen nicht mehr in die Eckkneipe folgen können; und sein Bier am Abend vor dem Fernseher bekommt er auch nicht mehr. Weil das seiner Leber nicht guttut!
Welches Programm im Fernsehen angeschaut wird, bestimmt sowieso die holde Gattin. Sie wird sich allerdings für ihn nicht mehr hübsch zurechtmachen, weil's eh schon wurscht ist.
So etwas nennt man ehelichen Lastenausgleich. Er ist noch nicht einmal die Folge der modernen Gleichberechtigung zwischen Frau und Mann. Nein, er ist vom Schicksal verordnete ausgleichende Gerechtigkeit.
In vielen Ehen soll er vorkommen, dieser Ausgleich der Lasten. Aber ob es in der Ehe von (Peter und Karin) auch so sein wird? Wer weiß!
Im Augenblick ist noch alles offen, ob Sieg oder Niederlage; ob der Ehehimmel leuchten wird oder vielleicht gar die Ehehölle brodeln. Aber wenn ich mir hier die beiden Verliebten genauer anschaue: Von Ehehölle, von Unterdrückung oder gar vom männlichen Paschatum kann ich gar nichts entdecken. Und so wird es hoffentlich auch bleiben: Ich wünsche es euch beiden von ganzem Herzen.

EIN HUNDELEBEN

Man berichtet hinter vorgehaltenen Händen, unser Bräutigam habe in den vergangenen zwei Jahren ein regelrechtes Hundeleben geführt, und das soll sich jetzt offenbar verstärken! Ja, ihr habt richtig gehört, liebe Gäste, liebe Freunde. Seit etwa zwei Jahren wirst du, lieber (Karl), von deiner (Annemarie) wie ein Hund gehalten. Man sagt sich, sie nimmt dich Tag für Tag auf ihren

Schoß, sie krault dich hinter den Ohren, streichelt dich, drückt dich an sich und herzt und küßt dich. So geht das von früh bis spät, und es gelingt dir armem Hund kaum, sich ihrer Liebe und Fürsorge zu entziehen. Nachts mußt du jetzt sogar neben ihr im Bett schlafen, und sie stört sich nicht daran, wenn du mal schmutzige Pfoten hast. Hauptsache ist, du liegst recht nahe bei ihr.
Nur selten läßt sie dich allein fortgehen. Sie meint, es gebe halt zu viele Eckkneipen, wo du heimlich herumschnüffeln könntest. Das hat sie gar nicht so gern. So führt dich dein liebes Frauchen viel lieber an der langen Leine aus. Du kannst nichts dagegen unternehmen. Sie zerrt dich durch unsere Stadt, und du mußt immer schön bei Fuß gehen.
Du darfst auch keinen Blick auf die schönen Mädchen werfen. Nein, immer schön auf dem Weg bleiben! Dein Frauchen läßt dich nicht eine Minute aus den Augen. Dafür gibt sie dir aber auch alle ihre Zuwendung. Wenn du mal vom Regen naß geworden bist, rubbelt sie dir mit einem weichen Handtuch deinen Haarschopf wieder trocken. Und weil dich dein Frauchen liebt, darfst du dich im Sessel oder auf dem Sofa ausruhen. Dort darfst du dich langlegen und alle viere von dir strecken. Sie krault dich dann ein bißchen, weil du das angeblich so gern hast. Du führst wirklich bei ihr ein richtiges Hundeleben. Aber du beklagst dich offensichtlich nicht. Zwei Jahre lang hast du diesen für dich eigentlich durchaus angenehmen Zustand schon ertragen. Und nun möchtest du für immer mit deinem Frauchen zusammen dieses Hundeleben führen.
Du hast schon bisher viel Geduld mit deinem Frauchen bewiesen. Wenn es sein muß, gehorchst du ihr aufs Wort. Nur selten sollst du geknurrt oder ihr gar die Zähne gezeigt haben. Und gebissen habt ihr euch auch noch nie.
Halte also nun in Treue zu deinem Frauchen, lieber (Karl). Sie wird es dir mit viel Liebe und ständiger Sorge um dein Wohlergehen vergelten.
Macht weiter so, alle beide. Nehmt mir meine launige Rede nicht übel, sondern nehmt euch an der Hand und wandert mutig gemeinsam in euer hoffentlich schönes und erfülltes Leben hinein!

WENN DIE SCHWESTER HEIRATET

Alle Blumen nicken es,
alle Uhren ticken es,
alle Tauben gurren es,
alle Katzen schnurren es,
alle Ochsen brummen es,
alle Bienen summen es,
alle Hähne krähen es,
alle Leute sehen es:
Morgen mittag wird getraut;
meine Schwester ist die Braut!

ÜBER DEN EHESTAND

O wie lieblich, o wie schicklich,
sozusagen herzerquicklich
ist es doch für eine Gegend,
wenn zwei Leute, die vermögend,
außerdem mit sich zufrieden,
aber von Geschlecht verschieden,
wenn nun diese, sag ich, ihre
dazu nötigen Papiere,
sowie auch die Haushaltsachen
endlich mal in Ordnung machen
und in Ehren und beizeiten
hin zum Standesamte schreiten,
wie es denen, welche lieben,
vom Gesetze vorgeschrieben,
dann ruft jeder freudiglich:
Gott sei Dank! Sie haben sich!

Wilhelm Busch

DAS JA-WORT

Gloria, Victoria,
gesprochen ist's, das Wörtchen „Ja"!
Wir hörten es mit großer Freude.
Ihr habt's gesprochen alle beide.
Das Wort, auf das man lange sich besinnt,
man spricht's nicht leichthin in den Wind.
Man überlegt es hin und her
und hätte gern dafür Gewähr.
Erst trägt man sich mit dem Vielleicht.
Doch solch ein Wort, zur Liebe reicht
es nimmermehr.
Denn das Vielleicht ist nur Beinah,
das wirklich Wahre ist das Ja.
Das Positive bringt euch weiter,
es stimmt das Ja die Herzen heiter.
Durch Negatives wird man ärmer,
das Ja macht fröhlich
und das Leben wärmer.
Das klare Ja gibt euch die Kraft,
die alles Schwere leichter schafft.
Das Ja als Stichwort ist gefallen.
Laßt's in euch lange widerhallen!

Elli Michler

HOCHZEITSWÜNSCHE
(mit verteilten Rollen)

1: Mit mir beginnt der Reim:
Ich wünsch ein frohes Heim!
2: Ich wünsche Glück und Segen
auf allen euren Wegen.
3: Ich wünsch euch fünfzehn Kinder,
und kommt gut durch den Winter!
A: Jetzt sind die Reime aus,
drum gehen wir nach Haus!

GEMEINSAM

Es ist nicht gut, allein zu sein
in dieser Dunkelheit.
Wenn Tal und Berg der Nacht verfällt,
wenn überschattet alle Welt,
dann sei die Kammer euch erhellt.
Es ist nicht gut, zu zweit zu sein
in dieser Dunkelheit.
So ladet euch den Herrgott ein,
die Nacht wird ohne Dunkel sein,
gibt Er zum Bund den Segen drein.

Max Rößler

SEGENSWUNSCH FÜR DAS BRAUTPAAR

(von einem Tischgast beim Zutrunk aufzusagen)

Gott mög euch beiden so wie heut
in eurem ganzen Leben
Gesundheit, Frieden, Einigkeit
und Wein und Braten geben.
In Glück und Unglück frohen Mut
und immer volle Fässer!
Denn volle Fässer sind sehr gut;
Zufriedenheit ist besser!

Johann Heinrich Voss

ZUR HOCHZEIT

(mit einem Kochtopf)

Liebe Braut, ich bringe dir
diesen neuen Kochtopf hier.
Kochst du gut und kochst du fein,
wird er stets ein Glückstopf sein.

Koch mit Eifer und Verstand,
würze gut mit zarter Hand,
denn, mein Bräutchen, laß dir sagen:
Liebe geht stets durch den Magen!

EIN KIND GRATULIERT ZUR HOCHZEIT

(mit einem Blumenstrauß)

Viel Glück wünsch ich zum Hochzeitstag
und daß der Strauß euch freuen mag
und auch der schöne Kuchen;
den möcht ich mal versuchen.

Volkstümlich

Zum Hochzeitsjubiläum wird der Text geändert:
Viel Glück zum Silberhochzeitstag ...
Viel Glück zum Goldenen Hochzeitstag ...

ZUR SILBERHOCHZEIT

(von einem Kind aufzusagen)

Was soll ich euch nur schenken
zum Silberhochzeitstag?
Ich will noch schnell bedenken,
was euch erfreuen mag.

Die Sachen sind sehr teuer,
drum komm ich zu dem Schluß:
Ich schenk euch beiden heuer
von Herzen einen Kuß!

ZUR SILBERHOCHZEIT

(mit einer Schatulle)

Ein Kästchen bring ich. Es ist nur klein.
Legt bitte liebe Dinge hinein.
Bewahrt drin Andenken aus glücklicher Zeit,
als ihr jung und verliebt wart – genau so wie heut!
Das ist fünfundzwanzig Jahre her.
Die Zeit war rauh und oftmals schwer.
Drum sei euch das Schicksal in Zukunft leicht,
bis ihr die Goldenen Fünfzig erreicht.

ZUM 30. ODER 40. HOCHZEITSTAG AUFZUSAGEN

Ihr zählt noch lang nicht zu den Alten.
Doch dürft ihr heute Rückschau halten.
Die Zeit hat euch viel Müh gebracht.
Heut wird mal kurze Rast gemacht
und alles gründlich überschaut,
was angeschafft und aufgebaut.
Heut wollen wir alle fröhlich sein
und uns des schönen Daseins freun!

ZUR GOLDENEN HOCHZEIT

Vor Zeiten war das Leben hart,
und euch blieb damals nichts erspart,
ihr lerntet Krieg und böse Zeiten
frühzeitig kennen. Nun begleiten
euch Jahre des verdienten Ruhstands,
und heut gedenken wir des Zustands
vor fünfzig Jahren. Damals war
ein Paar reif für den Traualtar.
Ihr wart entschlossen und nicht bänglich.
Der Pfarrer gab euch lebenslänglich!
Euch konnt dies Urteil kaum erschrecken.
Die „Strafe" war kein Zuckerschlecken,
doch habt ihr davon unterdessen
schon fünfzig Jahre abgesessen.
So hoff ich, daß den Mut ihr faßt
für weitere Jahre – Eheknast!
Das weitere „Strafmaß" sollt ihr erfahren:
noch einmal den Zeitraum von zwanzig Jahren!

TISCHSPRUCH ZUR GOLDENEN HOCHZEIT

Meine Wünsche an euch beide
hier im goldenen Hochzeitssaal:
Glück, Gesundheit, Gottes Segen
alle Tage tausendmal!

AN DIE MUTTER

(In einer kinderreichen Familie oder im größeren Verwandtenkreis von sechs verschiedenen Familienangehörigen vorzutragen. Die Verteilung der Rollen sollte den jeweiligen Familienverhältnissen angepaßt werden.)

Vater: Der erste wünscht dir Gut und Geld;
Sohn: der zweite, daß man zu dir hält;
Tochter: die dritte, daß du Freude hast
und manchmal einen lieben Gast.
Opa: Der vierte wünscht dir sehr viel Glück
und niemals Not und Mißgeschick.
Tante: Die fünfte wünscht gesunden Mut.
Das, heißt es, sei das höchste Gut.
Oma: Die sechste spricht: Bleib stets gesund,
dann wird schon alles richtig laufen.
Alle: Wir wünschen dir zu dieser Stund
von allem einen großen Haufen!

ZUM MUTTERTAG

Der Bauer liebt sein Ackerpferd,
der Schmied liebt seinen Hammer,
die Köchin liebt den Küchenherd
und ihre Speisekammer.
Der Rohrspatz liebt das dichte Ried,
die Henne liebt ihr Ei,
die Lerche liebt ihr Morgenlied,
der Wandrer liebt den Mai.
Der Pfau liebt seinen Pfauenschwanz,
der Schlemmer liebt den Bauch,
der Narr liebt seinen Narrentanz,
der Strauchdieb liebt den Strauch.
Ich freu mich, daß sie glücklich sind,
denn glücklich bin auch ich.
Zu deinem Festtag sagt dein Kind:
Am meisten lieb ich dich!

WENN DU NICHT TÄGLICH SORGTEST

Wir wären nie gewaschen
und meistens nicht gekämmt,
die Strümpfe hätten Löcher,
und schmutzig wär das Hemd,
wir äßen Fisch mit Honig
und Blumenkohl mit Zimt,
wenn du nicht täglich sorgtest,
daß alles klappt und stimmt.
Wir hätten nasse Füße
und Zähne schwarz wie Ruß
und bis zu beiden Ohren
die Haut voll Pflaumenmus.
Wir könnten auch nicht schlafen,
wenn du nicht nochmal kämst
und uns, bevor wir träumen,
in deine Arme nähmst.
Und trotzdem! Sind wir alle
auch manchmal eine Last:
Was wärst du ohne Kinder?
Sei froh, daß du uns hast.

Eva Rechlin

MEINE BEZUGSPERSON

Ich habe eine „Bezugsperson“,
der kann ich alles sagen,
denn sie ist immer für mich da,
in guten und bösen Tagen.
Ich habe diese „Bezugsperson“
noch keinen Tag verloren,
und das ist gut. Das macht mich froh,
denn sie hat mich geboren.
Drum lieb ich diese „Bezugsperson“.
Sie schmiert mir Quark und Butter
aufs Brot und näht mir Knöpfe an.
Wer ist sie? Meine Mutter!

SELBSTKRITIK AM MUTTERTAG

Am Muttertag sind wir Kinder besonders lieb. Wir putzen dir alle Schuhe. Wir decken dir den Frühstückstisch. Wir holen Blumen aus dem Garten. Wir spülen das Geschirr. Wir werden schon nichts zerbrechen! Die kleine Schwester sagt ein langes Gedicht auf. Sie hat es mit Vati mühsam auswendig gelernt. Und du wirst sehen, liebe Mutti: Alles klappt sehr gut. Fast wie am Schnürchen. Die ganze Familie freut sich!
Ach, wenn wir das ein ganzes Jahr lang schaffen würden! Und was sagst du dazu, liebe Mutti? Wahrscheinlich bist du schon glücklich, wenn es heute nur klappt. Du freust dich, daß es keinen Ärger und keinen Streit gibt und jeder überaus freundlich und aufmerksam ist. Ach ja, Mutti: Du bist nicht sehr anspruchsvoll, nicht wahr? Aber gerade deswegen haben wir dich alle sehr lieb!

Für Leute, die den alljährlichen Muttertag dick haben. Dieses Gedicht will nicht die Liebe zur Mutter „veräppeln“, es richtet sich gegen den Kitsch- und Kommerzrummel rund um den Muttertag:

MAMITÄGLEINGEDICHTLEIN

Am Mamitäglein, Kindlein, denk fein,
kriegt Mamilein ein klein Geschenklein.
Vergißmeinnichtchen blau im Sträußchen
kriegt Mamilein von ihrem Kläuschen.
Vom Papilein gibt es ein Törtchen
und ganz besonders liebe Wörtchen.
An Muttchen ihrem Ehrentäglein,
da wollen wir nicht faul und träg sein:
Ich sprech dem Muttchen ein paar Reimchen,
recht zuckersüß wie Haferschleimchen!
Kein Streitlein soll das Festlein trüben,
wir wollen uns im Nettsein üben.
Heut sind wir lieb sogar zum Größlein,
ab morgen können wir wieder bös sein!

MIT DER SCHWÄBISCHEN EISENBAHN

Mehrere Kinder spielen einen geräuschvollen Eisenbahnzug. Sie haben die Hände auf die Schultern ihres jeweils größeren Vordermannes gelegt. Das größte Kind ist die zischende Lokomotive. Sie singen:

1: Mit der schwäbschen Eisenbahne
kommen wir heut angefahre,
und wir wünschen dir viel Glück
und für uns ein Kuchenstück.

A: Rulla rulla rullala, rulla rulla rullala.
Ja, wir wünschen dir viel Glück
und für uns ein Kuchenstück.

2: Unsere Mama soll leben!
Denn sie soll uns Kuchen geben.
Danach wollen wir artig sein,
und die Mutti soll sich freun!

A: Rulla usw.

3: Endstation ist hier im Zimmer.
Liebe Mutti, du sollst immer
fröhlich durch das Leben fahrn
wie die schwäbsche Eisenbahn.

A: Rulla usw.

ZUSPRUCH VOR DEM URLAUB

Laufe täglich tausend Faden,
tummle dich mit nackten Waden,
patsche durch das feuchte Watt.
Dreimal täglich darfst du baden,
bist du hungrig, iß dich satt.
Balge dich mit grünen Wellen,
die am Uferfels zerschellen,
oder spiele Wasserball.

Und im Sand die schönsten Dellen
mach zur Burg – auf jeden Fall!
Schmücke sie mit bunten Steinen.
Doch die vielen blanken feinen
Muscheln brauchst du auch dazu,
und dazwischen steck die kleinen
Fähnchen dann und halte Ruh.
Du brauchst nichts zu übertreiben,
höchstens einen Brief zu schreiben,
denn im Urlaub hat man Zeit.
Schau nicht vorwärts, laß es bleiben.
Schau aufs Meer. Es ist soweit!

BRIEF AUS DEM URLAUB

Lieber Neffe Balduin,
viele Grüße aus Bansin!
Hier am schönen Ostseestrand,
wo ich meine Ruhe fand,
ist das Wetter wunderbar
und der Himmel sonnenklar.
Viele Menschen gibt's zu sehn,
die am Strand spazierengehn.
Auf den Sand platscht Well auf Welle,
abends spielt die Kurkapelle.
Wenn ich auch nicht sehr oft bade,
dreh ich auf der Promenade

gleichwohl täglich meine Runde.
Ich genieße jede Stunde
und bin voll und fröhlich drauf!
Paß auf meine Katze auf
und vergiß die Blumen nicht.
Höre, was die Mama spricht.
In zwei Wochen – welch ein Glück! –
komme ich erholt zurück.
Meine Feriengeschichten
werde ich dir dann berichten.
So, jetzt ist es Schluß für heute;
früh ins Bett gehn alte Leute.
Morgens steh ich zeitig auf,
froh beginnt mein Tageslauf.
Alles, alle Gute!

Deine Tante Trude

Ein „Musterbrief" zum Nachahmen und Selberdichten!

GROSSE FERIEN!

Gleich sieben Wochen Ferien!
Was kann es Schöneres geben?
Die Tage voller Sonnenschein,
das ist das rechte Leben.

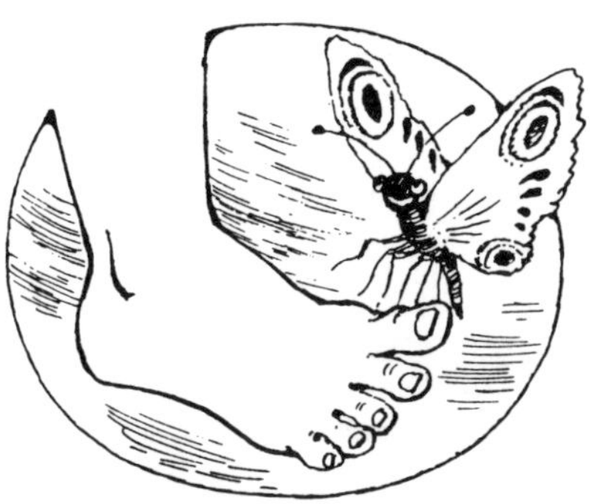

Wir fahren in die weite Welt,
nach Mailand oder Bern.
In Holland oder Dänemark
sind wir besonders gern.
Wir fahren an die blaue See,
nach Schweden und zum Rhein.
Wir denken: Könnt das ganze Jahr
doch immer schulfrei sein!

ZUM ABSCHIED

SPRUCH FÜR EINEN,
DER MIT DEM FLUGZEUG VERREIST

Du fliegst durch Blau und Sonnenschimmer.
Der Blick wird weit. Die Luft wird rein.
Glück für den Flug! Dein Herz soll immer
weit wie der Blick von oben sein.

*

SPRUCH FÜR EINEN,
DER ZU SCHIFF VERREIST

Denk manchmal, wenn dich Wellen wiegen,
ans feste Land und uns zurück.
Laß dich vom Sturm nicht unterkriegen.
Ich wünsch dir für die Seefahrt Glück.

*

SPRUCH FÜR EINEN,
DER MIT DER BAHN VERREIST

Ich wünsch dir keine Langeweile.
Dein Platz sei weich und sei bequem.
Recht gute Fahrt! Und im Abteile
nur nette Nachbarn außerdem.

SPRUCH FÜR EINEN, DER MIT DEM AUTOBUS VERREIST

Mein Segenswunsch soll dich begleiten.
Dein Sitz sei weich, die Straße hart.
Ich wünsche dir und allen Leuten
im Autobus vergnügte Fahrt!

*

SPRUCH FÜR EINEN, DER MIT DEM AUTO VERREIST

Ich wünsch dir keine Autoschlange,
genug Benzin und Glück dazu.
Fahr nicht zu wild! Fahr nicht zu bange!
Der Lenker deines Glücks bist du.

*

SPRUCH FÜR EINEN, DER ALS ANHALTER VERREIST

Du fährst als Gast. Sei dir im klaren,
daß nicht ein jeder gastfrei ist.
Doch mögen alle, die dich fahren,
so nett sein, wie du selber bist!

James Krüss

SPRUCH FÜR EINEN, DER MIT DEM MOTORRAD VERREIST

Dein Lebensinhalt ist dein Kraftrad,
es macht dich mutig, stolz und frei.
Sorg, daß es stets genügend Saft hat,
und – fahre immer unfallfrei!

*

SPRUCH FÜR EINEN, DER MIT DEM FAHRRAD VERREIST

Du radeltest so manche Stunde
bisher auf steiler Lebensbahn.
Ich wünsch dir für die nächste Runde
gestählte Muskeln. Komm gut an!

*

SPRUCH FÜR EINEN, DER NOCH WANDERT

Genieß beschaulich die Natur,
das heißt, was von ihr heut noch übrig ist;
erwandre dir Berg, Wald und Flur.
Sei fröhlich, wie's beim Bummeln üblich ist!

*

URLAUBSWÜNSCHE
(in der Möglichkeitsform)

Wenn ich könnte, wie ich wollte,
ach, wie gut's dir gehen sollte!
Ich reiste mit dir durch die Welt,
überallhin, wo's dir gefällt.
Bis ins schöne Spanien
führen wir auf Eisenbahnien.

Selbst in Hinterindien
könnt das Glück uns findien.
Nach Grönland auch, dem eisigen,
möcht ich mit dir verreisigen.
Zur Insel Gran Canaria
würd ich mit dir fahria.
Zur Insel Teneriffa
dampft ich mit dir zu Schiffa.
So viele Plätze auf der Welt
scheinen mir für dich und mich bestellt:
aber leider – fehlt's am Geld!

URLAUBSGRUSS

die reise war anstrengend
der ort ist häßlich
die pension zu teuer
das zimmer unmöglich
das essen ein fraß
die leute sind blöd
das wetter ist schlecht
nur gut
daß du nicht hier bist

Manfred Hausin

2. Glückwünsche im öffentlichen Leben

GLÜCKWUNSCH ZUM SCHULANFANG

Der erste Schultag, lieber Ronni,
beginnt mit süßen Sachen
in einer Tüte, wie's so Brauch,
doch denk ich, daß die andern auch
dir Spaß und Freude machen.
Das Lesen, Schreiben wirst du lernen,
das Rechnen und das Singen,
daß später dir mal diese Dinge
(damit dir alles gut gelinge)
im Leben Nutzen bringen.
Du kannst dann Rechenmeister werden,
ein Lehrer oder Richter,
auch Pfarrer braucht man hier auf Erden,
und Arzt und Kaufmann kannst du werden,
vielleicht sogar ein Dichter.
Doch heut nimm meine Tüte hin,
das Abc soll leben!
Soviel zum Naschen wird es später,
bist du erwachsen (das weiß jeder),
nicht alle Tage geben.

BEI DER SCHUL-ENTLASSUNGSFEIER EINEM VEREHRTEN LEHRER

(vom Klassensprecher aufzusagen)

Heute ist die Schule aus.
Heut gehn wir vergnügt nach Haus,
denn in diesem Schul-Lokal
sind wir heut zum letzten Mal.
Manche Freude, manches Leid
brachte die vergangene Zeit.
Manchen Ärger gab es auch.
Doch das ist nun mal so Brauch.
Trotzdem wünschen wir uns sehr
(und das Herz wird uns fast schwer),
daß, wenn wir auch von hier gehn,
Sie uns gern mal wiedersehn!

ZUR BEGRÜSSUNG DER NEUEN LEHRERIN

Der Baum hat seine Blätter,
der Schreiner seine Bretter,
die Blume ihren Duft,
der Himmel blaue Luft.
Die Henne hat ihr Ei,
der Hirte die Schalmei.
Wir haben, schaut gut hin,
die neue Lehrerin.
Wir glauben, mit uns allen
wird's ihr recht gut gefallen.
Sie hat's mit uns nicht schwer,
wir brauchen sie doch sehr:
so wie der Baum die Blätter,
der Schreiner seine Bretter,
die Blume ihren Duft,
der Himmel blaue Luft!

ZUM ABSCHIED EINER LEHRERIN, DIE AN EINE ANDERE SCHULE VERSETZT WIRD

Wenn die Abschiedsstunde naht,
bleibt kein Auge trocken.
Unsere gute Lehrerin
macht sich auf die Socken.
Unsre Lehrerin geht fort,
und wir sind ganz leise.
Nur ein letztes Abschiedswort:
Glück im neuen Kreise!

ZUM ABSCHIED EINES LEHRERS, DER IN PENSION GEHT

Alle Kinder sind betrübt.
Alle sind gerührt.
Unser guter Lehrer
wird heut pensioniert.
Alle gönnen wir ihm gern
Freude und noch mehr.
Aber daß er uns verläßt,
das ergreift uns sehr.
Trotzdem wünschen wir ihm gern
vor uns Schülern Ruh,
Munterkeit und Lebensmut
und viel Glück dazu.

UNSER LEHRER

Schuf Gott die Lehrer einst im Zorn?
Ist's recht, dies zu vermuten?
Er schuf aus echtem Schrot und Korn
die schlechten und die guten!
Die guten in der Überzahl
und schlechte nur ganz wenige.
Uns macht kein schlechter Lehrer Qual,
wir freuen uns wie Könige:
An unsrer Schule haben wir
den besten Lehrersmann.
Er ist so sanft wie Löschpapier,
drum hoffen wir, daß stets er hier
uns unterrichten kann.

JUBILÄUM IM HORT
(oder Kindergarten)

Erzieherin:
Bleibt nicht ängstlich abseits stehn,
schaut euch in der Näh um,
unser (Kindergarten, kleiner Hort, der) feiert
heute Jubiläum!

1. Kind (aus Berlin):
Brochst mich nich so anzuglotzen,
globste, ick war je dumm?
Jeder weeß, wat det bedeutet,
unser Jubiläum!

2. Kind (aus Bayern):
Lustig samma alle Tage,
denn mia hopsn eh rum.
Aber heit, do woima tanzn
bei dem Jubiläum.

3. Kind (Ausländer):
Es besucht uns heit ein Herr
aus dem Ministeerum,
bringt viel Geld und Spielgerät
zu dem Jubiläum!

Ein Vorschlag zum Weiterdichten mit eigenen Vierzeilern.

LIEBER SEPP!

Fünfundzwanzig lange Jahre
arbeitest Du bei uns hier,
zählst die ersten grauen Haare,
doch bist stark noch wie ein Stier.
Zuverlässig warst Du immer
und als Kumpel eine Pracht.
Ohne Dich? Das wäre schlimmer
als kein Licht in finstrer Nacht!
Gesundheit, Glück und Gottes Segen
für Dich und Dein ganzes Haus
wünschen, Sepp, Dir die Kollegen
mit diesem bunten Blumenstrauß.

Reinhold Hector

DEM OPA ZUM JUBILÄUM
(mit einem Kistchen Branntweinbohnen)

Es klopft mein Herz! Jedoch, es sei drum:
Der Opa feiert – Jubileium!
Drum darf ich mich nicht länger pflegen,
ich muß mein Sprüchlein ihm – aufsegen.
Ich merkte wohl, daß alle liefen,
um ihm zum Festtag was zu – kiefen.
Krawatten! Teller für die Wand
und Schals! Jedoch ich armes – Kand,
ich sah die Dosen, die gelackt,
und dacht: Ob ihm das Freude – mackt?
Die Stiche mit und ohne Rahmen,
die Schlemmerkörbe und die – Blamen...
Da fiel mir ein: Er liebt die Bohne,
wenn sie gefüllt mit – Branntewone.
Weil Opa sie gern ißt und trinkt,
hab ich ihm davon – mitgebringt.
Auf daß der Opa niemals faste,
schenk ich ihm davon eine – Kaste.
Mit meinem Wunsch will ich ausdrücken:
Opa, leb hoch! Und laß dir's – schmücken!

ZUM JUBILÄUM EINES PFARRERS

(Zwei Schulkinder: Alex und Berti)

A: Ihr Jubiläum, Herr Pfarrer, das liegt uns im Magen,
denn deshalb müssen wir jetzt ein Gedicht für Sie sagen!
B: Doch was sollen wir sagen? Das ist gar nicht so leicht!
Denn unser Herr Pfarrer, der braucht keine Beicht:
Er raucht nicht, er trinkt nicht. Seit frühester Jugend
lebt unser Herr Pfarrer – nur von der Tugend.
A: Von wegen „Tugend"! Sein heimliches Laster,
das sind die Moneten, das ist der Zaster!
B: Doch nicht für sich selber! Er hat's Betteln riskiert
und unsere Pfarrkirch ganz neu renoviert,
so schön, daß jedem das Herz höher hupft!
A: Aber *ein* Laster hat er: Unser Pfarrer, der schnupft!
B: Da kann ich nur sagen: Gott sei Dank!
Zwar macht so ein Schnupftabak ziemlich Gestank,
doch grad durch dies Laster – das merkt euch, ihr Lieben,
ist unser Pfarrer so menschlich geblieben.
A: Drum danken wir herzlich für all seine Plag
im Steinbruch des Herrn – seit Jahr und Tag,
für uns, die viel stänkern und kritisieren
B: und ihn in Religionslehre „ausprobieren".
A: Wir wünschen ihm heute auf all seinen Wegen Gesundheit
B: ... viel „Schmalzler"
A/B: ... und Gottes Segen!

Alexander Carelius

ZUM PRIESTER-JUBILÄUM

Hochverehrter Herr Pfarrer!
Wir haben uns heute an Ihrem Ehrentag in dieser Runde versammelt, um Ihnen, wenn auch eckig und ungehobelt, unsere Verehrung zu demonstrieren. Ja, wir verehren Sie, weil Sie dagegen wehrlos sind: Denn Sie tun täglich Gutes, und wer das Gute zum Lebensziel erwählt hat, ist nie ganz sicher vor Anfeindungen. Wir haben beschlossen, Sie nie aus den Augen zu verlieren, sondern stets und ständig ein klein bisserl auf Sie aufzupassen. Legen Sie das bitte nicht als Hinterherspionieren aus. Nein, das wollen wir nicht. Aber wir wollen, daß Sie sich hier bei uns in unserer leider etwas sündigen Gemeinde wohlfühlen. Das haben wir uns in den Kopf gesetzt, und da wir von Natur aus ziemlich bockig sind, gehen wir auch keinen Deut von diesem Vorsatz ab!
Lassen Sie es sich also bitte gefallen, lieber, verehrter Mahner unseres Gewissens, daß wir Sie heute ein wenig verwöhnen. Das soll keine Bestechung sein, etwa in der Art, daß Sie uns durch Ihre sanfte Fürsprache einen Platz im Himmel sichern sollten, und sei es in der hintersten Ecke, wo die echten Heiligen niemals hinkommen. Nein, wir sind um Ihr leibliches Wohl besorgt. Um sein Seelenheil soll sich also in Gottes Namen ein jeder selber kümmern. Aber gegen einen kleinen Umtrunk, gegen ein paar Blumen und einen nahrhaften Präsentkorb haben Sie hoffentlich nichts einzuwenden. Wir bitten Sie, nehmen Sie unser Geschenk gütig an und – halten Sie es noch für ein paar weitere Jahrzehnte mit uns aus!

PASTORENJUBILÄUM

Verehrter Jubilar,
Sie verkünden nun durch ... Jahr
von diesem Altar
Ihrer Gläubigenschar,
was gut ist und wahr,
zu Gottes Gloire –
mit erträglichem Honorar,
allerdings in der großen Gefahr,
daß immer ein paar
aus Ihrer Gläubigenschar
zu Ihrem Kanzelkommentar
sagen: Viel zu säkular!
oder: Heut war's lapidar!
Oder sie sagen gar:
Äußerst angreifbar,
das „Keiner krümme ein Haar
dem bösen Barbar";
ist die Bergpredigt so anwendbar?
Das also ist immer die Gefahr
für den Mann im Talar.
Aber, lieber Jubilar,
wir sind alle anfechtbar.
Drum machen Sie weiter, wie's immer war:
ein fröhlicher Missionar
noch durch viele Jahr!
Das wünschen nicht nur ein paar,
das wünscht die gläubige Schar
ganz und gar –
fürwahr!

Kurt Rose

UNSERM PFARRER ZUM 45. GEBURTSTAG

(frei nach Eugen Roth: „Ein Mensch")

Ein Mensch im seelsorglichen Amt,
der noch dazu aus ... stammt,
trat heute früh mit einem Bein
in eine neue Phase ein:
Er hat die Kindheit abgestreift
und ist zur Jugend rangereift.
Nun kommt des Lebens Blütezeit
mit viel Elan und Fertigkeit:
Ob Amtsgeschäfte, Hausregie,
ob Laudes, Predigt, Liturgie,
Seniorenclub und Klosterfrauen,
ob Gartenfest und Maibaumklauen,
ob Rosen und Tomaten pflanzen,
auf Fasching keck Ballettchen tanzen:
Das alles macht er mit viel Schwung
und hält sich auch beim Essen jung.
Ein Mensch, der hinzulangen weiß,
auch wenn ein Eisen noch so heiß,
der auch das Pfarrblatt redigiert
und eigenhändig illustriert.
Selbst Gottesdienst-Meditationen
und Video-Televisionen:
Das alles geht mit Sachverstand!
Das Altersheim sei nur genannt.
Kurzum, der hochverdiente Mann
fängt heut die zweite Jugend an.
Wir wünschen ihm zu diesem Feste
bekanntlich nur das Allerbeste:
viel pastorale Topideen,
Gelassenheit und Wohlergehen.
Daß Gott ihm allen Segen schicke,
wünscht ihm die Pfarrgemeinde-Clique.

Edmund Johannes Lutz

FAMILIENGOTTESDIENST

Die einen gehn hin und die andern gehn mit,
die Alten, die Jungen und groß und klein,
die einen gehn hin und die andern gehn mit,
guck, heute geht keiner für sich allein,
heut gibt es besondere Sachen,
heut sieht die Kirche ganz anders aus –
und *das* sollte Gott keine Freude machen?
Die Mutter singt und der Vater singt mit,
die Großen, die Kleinen und alt und jung,
die Mutter singt und Vater singt mit,
und die Kinder sind heute recht in Schwung,
die singen und spielen und lachen –
heut hört sich die Kirche ganz anders an –
und *das* sollte Gott keine Freude machen?
Die Kinder malen, Großmutter malt mit,
die Kleinen, die Großen und jung und alt,
die Kinder malen, Großmutter malt mit
die Erde, den Himmel, die Blumen, den Wald
und Engel, die alles bewachen –
heut wird die Kirche so bunt und weit –
und *das* sollte Gott keine Freude machen?
Wir spielen, wir beten, und jeder macht mit,
die Alten, die Jungen und klein und groß,
wir spielen, wir beten, und jeder macht mit,
und keiner braucht einen Rippenstoß,
um auch mal tüchtig zu lachen:
Der Jahrmarkt Gottes ist aufgetan –
und *das* sollte Gott keine Freude machen?

Kurt Rose

KINDERNACHMITTAG

Freunde, wollt ihr einmal lachen,
fröhlich sein und Faxen machen?
Kommt am Sonntag gegen zwei
allesamt bei uns vorbei.
Was wir euch zu bieten haben?
Eins: Der Magen darf sich laben,
es gibt Kuchen und Kaffee,
Speiseeis und Zuckerschnee,
Mandeln, türk'schen Honig auch,
Wurst und Brezeln für den Bauch.
Zwei: Kettcar fahren, Wasserbett
finden alle Kinder nett.
Drei: Verkehrsquiz-Kasperl ist
neugierig, ob ihr es auch wißt,
wie im Stadtverkehrsgewühl
man es recht macht. Pfänderspiel,
Froschmaulwerfen, Wurfpfeilscheiben
soll'n euch dann die Zeit vertreiben.
Vier: Für Maler gibt es Wände,
nehmt die Farben und die Hände,
werdet hier zum Beuys-Verschnitt.
Fünf: Bringt eure Eltern mit,
die, derweil euch Preise winken,
fröhlich hier ihr Bierchen trinken.

EINLADUNG ZUM FLOHMARKT

Wir laden euch zum Flohmarkt ein.
Am 12. Juli soll er sein.*
Der Flohmarkt ist für alle Kinder
und für Erwachsene nicht minder.

* (oder: In unserem Pfarrsaal/vor unserer Kirche soll er sein.)

Hier kann, wer will, vergnüglich handeln,
mit Zeug und Hausrat fröhlich tandeln.
Vom Spielzeug bis zur Gemsenkrucke
sind uns willkommen alle Stücke,
die preiswert man verscherbeln kann
zum guten Zweck. Omannomann,
wer hat sich nicht schon angesagt
zu unserem Flohmarkt ungefragt:
Goldhändler aus dem Orient,
der „billige Jakob“, den jeder kennt.
Der Intendant vom Opernhaus
stellt seinen halben Fundus aus,
die Bibliothek schickt alte Bücher,
das Kloster sendet Batiktücher.
Aus China will uns mit Antiken
gar eine Händlerin beglücken.
Ihr Name lautet, wie ich seh,
richtig betont, Frau Ge-Lum-Pe.
Was sollen wir noch mehr verkündigen,
mit zu vollem Munde uns versündigen;
sie sollten Sonntag nach den Messen
unseren Termin ja nicht vergessen.
Sie können kaufen und verkaufen.
Hauptsache ist, Sie kommen gelaufen:
Es gibt „Glump“ in großen Haufen!

BAYERISCHE BEGRÜSSUNG

anläßlich eines sommerlichen Elternabends im Kindergarten

Grüß Gott! sag'n wir herzlich,
ihr lieben Leut,
wir feiern heut bayrisch,
für alle a Freud.

Die bayrischen Berg
und das bayrische Land,
die san für an jeden
ja bestens bekannt.

Jugoslawen und Türken
ham's auch schon entdeckt,
daß d'Weißwurst recht guat is
und der Leberkas schmeckt.

Koa Mensch tat im Urlaub
ins Ausland fortgeh',
doch bei uns is meist kalt
und 's Wetter net schee.

Aber wias nur grad sei ko,
heit hamma a Massl,
drum seid's allsamt Freind
und trinkts aus dem Faßl.

Dann sing ma und tanzen
und jodeln, daß' schallt,
und gfrein uns, wenn alle
der Abend guat g'fallt.

Anni Zedelmaier

ZUM STIFTUNGSFEST

Laßt uns in Vereine treten,
denn dazu sind sie ja da.
Hilfreich durch Sozietäten
tritt der Mensch dem Menschen nah.
Lasset uns Statuten machen,
denn darauf ja kommt es an,
daß man etwas überwachen
oder es verändern kann.
Laßt uns Stiftungsfeste feiern,
denn das ist die höchste Lust;
und wir schlagen froh die Leiern,
unsres hohen Ziels bewußt.
Einsam baut der Uhu seinen
Horst in Wäldern wild und roh;
aber einzig in Vereinen
wird der Mensch des Daseins froh.

Johannes Trojan

(Sich selbst ein wenig bespötteln! Hier ist Pathos angebracht.)

DEM OBERSCHMALZLER

Die allerbesten Nasenathleten
haben zur Schnupfmeisterschaft gebeten.
Im Festsaal fragten sich groß und klein,
wer wird wohl diesmal der Sieger sein
von allen, die heute zum Wettkampf kamen
(sogar ein paar naseweise Damen).
Das Präsidium vom Schnupfverband
genießt hohes Ansehen im ganzen Land.
Die Zeiten, da Päpste auf Schnupfer, mein Lieber,
die Bannflüche schleuderten, sind vorüber.
Heut ist uns der Schnupftabak lieb und teuer,
sogar dem Finanzamt, das schröpft die Steuer.
Ein Schnupfer bietet dem allen die Stirn,
denn Schnupfen befreit den Geist und das Hirn.
Dem Oberschmalzler in unserer Runde
gebührt heut der Preis und der Ruhm der Stunde.
Der Mann mit dem feinsten Nasenloch
kommt aus unserm Verein: Er lebe hoch!

SAURE WOCHEN, FROHE FESTE

Ein großes Fest ist angesagt!
Darüber hat kein Mensch geklagt.
Man muß sie feiern, wie sie fallen,
wir sind dabei, wir lassen's knallen;
da gibt es wieder viel zum Lachen,
wir sind dabei, wir lassen's krachen.
Ein Fest verschönert unser Leben,
Festtage müßt's viel öfter geben.
Herbei, ihr Leut! Füllt euch den Bauch
mit deft'ger Kost nach altem Brauch,
denn Schwiegermutters Schweinebraten
ist heut besonders gut geraten.

Die Soß ist fett und rund der Knödel,
wir spachteln fröhlich mit Geblödel
das Fleisch, den Fisch, die Wurst, den Käse
und machen dabei kein Gewese,
denn hinterher gibt es Kaffee,
recht süß, mit Milch und Sahneschnee.
Kaffee ist gut für die Verdauung,
ein Stammtischwitz folgt zur Erbauung,
darauf ein süffiger Likör.
Wein, Bier und Schnaps gibt's hinterher.
Mit blondem Bier ist nicht zu spaßen,
deshalb genießen wir – in Maßen,
am liebsten gleich im Litermaß,
achtmal gefüllt, da spürt man was.
Nach Mitternacht erst geht's nach Haus.
Wir leerten noch den Wodka aus.
Mit drei Promille drin im Blut
fffahr ich gaganz sssicher noch. N-nur Muuut!

ZUM JUBILÄUM IM SPORTVEREIN

Herr Präsident, verehrte Gäste (usw.)!
Ich hörte, in (unserem) Sportverein
sollt heuer ein Jubiläum sein.
Seit (hundert) Jahren fidel und aktiv
sei unsre Gemeinschaft. Da lachst du dich schief,
solch uralte Knochen sollten hier leben?
Ich seh mich von lauter Jugend umgeben.
Und diesen Aktiven darf ohne Kritteln
ich herzlichste Grüße übermitteln.
Ich habe die Telegramme gesammelt,
es grüßen zur Feier – jetzt nur nicht gestammelt! –
als erste die Astronauten vom Mond,
dann – Herr Gorbatschow, der in Moskau wohnt,
Präsident Bush aus dem Weißen Haus,
der Papst und der heilige Nikolaus,
die Frauen von der Schwangeren-Gymnastik,
der Boß der Gewerkschaft Schund und Plastik,
die Klosterbrüder von Anderlach
und sieben Traumtänzer hoch unterm Dach,
die Klofrau vom Damen-Schwimmverein,
aus dem Märchen grüßt Hans im Glück mit dem Schwein,
Dornröschen hat dieses Fest nicht verschlafen,
es grüßen die Hirten mit ihren Schafen,
Boris Becker, posthum Herr Löwenthal,
die Fußballer aus Madrid, von Real,
die Grünen aus Hamburg, die Ostermarschierer,
sie alle kommen als Gratulierer
und Glückwunschbringer für unsern Verein;
o möge er lang noch so rührig sein,
seit (hundert) Jahren des Frohsinns Hort:
noch weitere (hundert) dem Spaß und dem Sport!

ZUM REITER-EXAMEN

Wer sich aufs hohe Roß geschwungen,
dem sei heut laut ein Lied gesungen.
Der jüngste Reiter im Verein
bekam grad seinen Reiterschein.
Jetzt kann er durch die Gegend traben
und manch Erfolgserlebnis haben.

Der Reitsport hält gesund und schlank,
ein Sturz ist selten, gottseidank,
und Spaß macht's, mit den edlen Tieren
durch Feld und Au zu galoppieren.
Und hinterher schmeckt echt gesund
der Umtrunk hier im Reiterbund.
Froh wollen wir das Glas erheben:
Das neue Mitglied, es soll leben!

EINER FUSSBALLMANNSCHAFT ZUM SIEG

Ihr kickt das Leder, daß es kracht,
die ganze Mannschaft ist 'ne Pracht,
und heut – wie konnt es anders sein –
da hautet ihr mal richtig rein.
Der Gegner reist geknickt nach Haus,
für ihn ging eine Kerze aus.
Doch euch verhalf ein Schuß zum Siege,
jetzt steht ihr strahlend da. Die Riege
ist stolzgeschwellt, denn nach der Hatz
winkt ein guter Tabellenplatz.
Der Sprung nach oben ist euch gegönnt
von jedem, der euch schätzt und kennt!

VORTRAG IM SENIOREN-CLUB
(nach falschem Manuskript)

Ein Redner tritt auf mit einem Souffleur.
R: Mein lieber, verehrter Punker-Verein.
S: Senioren-Verein.
R: Hä? Ach, so.
(Er beginnt – völlig unbeirrt – noch einmal.)
Mein lieber, verehrter Senioren-Verein,
ihr sollt eine gefürchtete Blase sein,
der Schrecken im ganzen Stadtgebiet
für jeden, der hier vorüberzieht.
Ihr seid so flotte Mädchen und Bengel,
ich höre, ihr nennt euch die „Schwarzen Engel".
S: Graue Panther!
R: Ach so, ich höre, ihr seid bekannter
unter dem Namen der Schwarzen Panther.
Ihr seid reine richtige Schlägertruppe,
was andere denken, ist euch ganz schnuppe,
ihr haut auf den Putz, daß es grad kracht,
ihr habt manchen Spießer schon fertiggemacht.
Zu euch, da gehört manch steiler Zahn,
gefährlich ist eure Lebensbahn.
Ihr liebt heiße Diskos und kein Geplacke,
steckt Sicherheitsnadeln durch eure Backe.
S: Entschuldigen Sie...

R: Was müssen Sie stören!
(Wieder zum Publikum.)
Ihr laßt die fetzigsten Sprüche hören,
verweigert euch, seid euch selbst nicht geheuer
und zahlt unserm Staate gar keine Steuer.
Die Kirche, die kennt ihr auch nur von draußen,
ihr wollt nur in Wohngemeinschaften hausen...
S: Diese Leute sind brav! Sie haben sich geirrt.
R: Ich irrte?
(Er erschrickt.)
Mein Gott, wie der Kopf mir schwirrt...
Ich habe mit Sorgfalt die Reime gedrechselt.
S: Sie haben das Manuskript verwechselt!
Hier gibt's keine Punker. Hier sind unsre Alten,
der Himmel mög sie uns lang noch erhalten.
R: Ich seh hier nur rüstige, lachende Leute,
da dacht ich: Das ist die Jugend von heute!
(Zum Publikum.)
Ihr seid – ihr mögt mir den Irrtum verzeihn –
so forsch und mobil wie ein Rocker-Verein.
Vielleicht, und das ist beileibe kein Scherz,
schlägt in euch noch immer ein junges Herz.
Zwar sollt ihr euch nicht gleich wie Punker gebärden,
doch ein fröhliches Alter ohne Beschwerden,
voll Freude, Gesundheit und Heiterkeit,
das wünsch ich euch allen für alle Zeit.

ZUM FEST EINES POSAUNENCHORS

Posaunenfest! Posaunenfest!
Faßt, Freunde, die Posaunen fest,
die Hörner und Trompeten!
Zu Gottes Lob, zu unsrer Freud
woll'n wir mit Leib und Seele heut
fein musikalisch beten!
Ponaunenschall, Posaunenschall
bracht' Jericho einstmals zu Fall,
wie flogen da die Fetzen!
Blast, Freunde, daß das Mauerwerk,
daß Herz und Hirn, und Baum und Berg
sich in Bewegung setzen!
Ponaunenton, Posaunenton,
der Töne schönster zweifelsohn'
von Engeln und Propheten!
Zu Gottes Lob, zu unsrer Freud
woll'n wir mit Leib und Seele heut
fein musikalisch beten!

Kurt Rose

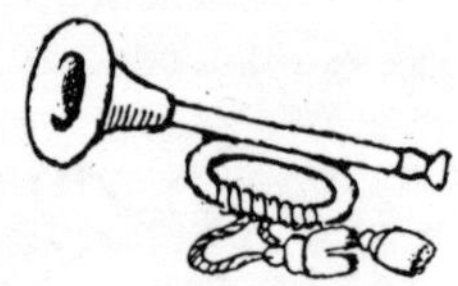

DANK FÜR EINEN KAFFEEKLATSCH
(Im Frauenbund o.ä.)

Tischredner (erhebt seine Tasse)
Den Damen sei ein Hoch gebracht,
die alles hier so fein gemacht
und uns zum Kaffeekränzchen locken.
Es gab hier Kuchen – ziemlich trocken,
und Kaffee, drin die Blümchen schimmern
– so gibt's gewiß kein Herzensflimmern!
Dem Alkohol wird abgeschworen,
auch Frohsinn hat hier nichts verloren.
Nur ernste Mienen – die Caritas
der Frauen hier kennt keinen Spaß.
– O nein! Ich malt' ein falsches Bild.
Hier herrscht der Scherz – sogar recht wild,

und Seitenhiebe, Frozzelein,
die steckt man ganz gelassen ein.
Ganz nebenbei sei auch gesagt:
Mir hat die Gastlichkeit behagt!
Ich sag Pardon für meinen Schmäh –
vorzüglich waren Gebäck und Kaffee!

Ich hoff' auf Vergebung für mein Bemühn,
die Gäste durch den Kakao zu ziehn.
Es wird nicht zu happig, das will ich gleich sagen,
die Damen werden's mit Würde ertragen...

Es folgen auf die einzelnen Gäste lustige Zweizeiler.

3. Glückwünsche im Jahreslauf

FESTE FEIERN

Man sollte öfter einmal Feste feiern,
und nicht erst, wenn eins fällt.
Man kann sie ohne Gäste feiern
und ohne Geld.
Ein hübsches Fest heißt Freunde-Suchen.
Ein lustiges heißt: Lachen-Fest.
Es gibt das Fest der Pflaumenkuchen,
das Drachenfest.
Ich könnte euch noch viele nennen,
doch hoff ich, ihr versteht:
Man muß auch grundlos feiern können,
wenn's sonst nicht geht.

Rudolf Neumann

WOHIN GEHT DIE FAHRT?

Das alte Jahr ging grad zu Schrott,
ein neues sitzt am Steuer.
Wohin es kurvt, wohin es rast,
das ist uns nicht geheuer.
Kennt es die Wege und Chausseen,
die breiten Autobahnen?
Laviert es sich noch einmal durch?
Wir können es nur ahnen.
Wir wünschen, daß mit diesem Jahr
es keinen Unfall gibt,
wir gut und sicher mit ihm fahren
und jeder, der uns liebt.

WÜNSCHE ZUM NEUEN JAHR

Zum neuen Jahr
hab ich der Wünsche eine Schar
und bringe bunt gemischt sie dar,
wie sie der lose Reim gebar.
Ich wünsche dem verliebten Paar
gebahnten Weg zum Traualtar,
dem Kahlkopf reich gelocktes Haar,
dem Pilger, daß er glücklich fahr,
dem Kindlein, daß es Gott bewahr,
Kundschaften, fette, dem Notar,
dem Trinker Rheinwein alt und klar,
dem Geizhals Tonnen Goldes bar,
ein Landgericht dem Aktuar,
die Bischofsmütze dem Vikar,
der Blinde seh gleich einem Aar.

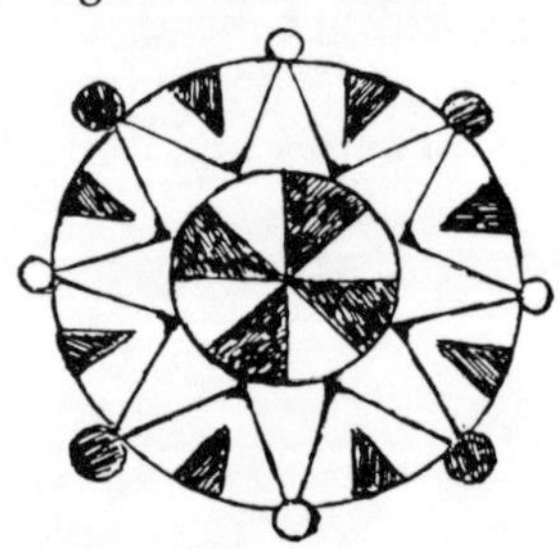

Kurz, mit dem ersten Januar
verschwinde jegliche Gefahr
vom Erdenrunde ganz und gar,
das Gute nur bleib immerdar!
Dies wünsche ich zum neuen Jahr,
und was ich wünsche – werde wahr!

Fliegende Blätter

ICH WÜNSCHE DIR FÜRS NEUE JAHR...

Ich wünsche dir fürs neue Jahr
das große Glück in kleinen Dosen.
Das alte läßt sich ohnehin
nicht über Nacht verstoßen.

Was du in ihm begonnen hast
mit Mut und rechter Müh',
das bleibt dir auch noch Glück und Last
in neuer Szenerie.

Erwarte nicht vom ersten Tag
des neuen Jahres gleich zuviel!
Du weißt nicht, wie er's treiben mag,
es bleibt beim alten Spiel.

Ob gute Zeit, ob schlechte Zeit,
wie sie von Gott gegeben,
so nimm sie an und steh bereit
und mach daraus dein Leben.

Elli Michler

GUTEN RUTSCH!

Ist das alte grad vergangen,
will ein neues Jahr anfangen,
treten Sprücheklopfer an,
wünschen Gutes, Mannomann –
jeder sagt's, so gut er kann.
Auch ich bin heut hergekommen,
und ich hab mir vorgenommen,
was Gereimtes vorzutragen.
In zwei Sätzen will ich's sagen:
Freund, das alte Jahr ist futsch;
und ich wünsche guten Rutsch!

DER LIEBEN SCHWIEGERMUTTER

Gereimt tun Wünsche doppelt gut,
drum faß auch ich heut „Dichtermut"
und bring in Reime meinen Wunsch,
gemischt wie ein Silvesterpunsch,
damit das Jahr geschmiert wie Butter
verläuft für meine Schwiegermutter.
Wein sei die edle Grundsubstanz;
sie sorgt für Leben, Geist, Schwung, Glanz.
Ein bißchen Zucker schütt' in diese –
dem Dasein mangelt's oft an Süße!
Ein Körnchen Salz ist nie zu schade,
sonst wird das Ganze schal und fade.
Mit milden und auch scharfen Würzen
läßt sich gezielt die Langweil kürzen.
Ein kräftiger Schuß sei nie vergessen:
nicht Schnaps – Humor! und gut bemessen.
Das Rühren wird sehr leicht zuviel;
Arbeit ist Soll, Kann, Muß – nie Ziel!
Drum muß die Mischung öfter ruhn –
wie gut doch Urlaubspausen tun!
Bald kommt der Most erneut zum Gären;
wie lange soll denn das noch währen?
Bis endlich alles reif und klar,
ist schon in Sicht das nächste Jahr...
Daß heuer alles wohl bekommt,
gesund erhält und seelisch frommt,
braucht's auch des Himmels milden Segen:
Der komme über dich wie Regen,
wie Tau am Morgen, wie die Sonne,
nicht sparsam, nein, aus voller Tonne!
Gute Freunde zum Beschluß
krönen Dasein und Genuß,
passen auch ein wenig auf
– auf Schwiegermutters Jahreslauf.

Reinhold Hector

DEN VERWANDTEN ZUM NEUJAHR

Immer, wenn die Jahre wechseln,
muß man neue Verse drechseln.
Hier ist wieder ein Gedicht.
Bitte, lacht darüber nicht!
Und bei der Gelegenheit
hoff ich, daß mein Vers euch freut.
Und nun komme ich zum Ende:
Recht viel Glück zur Jahreswende!

WIR ZIEHEN ALS KÖNIGE

Das Lied auf 1 + 4 mit leerer A- und D-Saite begleiten.

2. Wir ziehen als Könige durch das Land,
sind Balthasar, Kaspar und Melchior genannt.
Wir wollen euch künden, daß Jesus Christ
in Bethlehems Stalle geboren ist.

3. Wir ziehen als Könige durch das Land,
sind Balthasar, Kaspar und Melchior genannt.
Tut auf euer Herz der göttlichen Gnad
und schenket uns jetzt eine gute Gab!

Henriette Syndikus

Grüße zu St. Valentin erfreuen sich – vornehmlich bei jungen Menschen – zunehmender Beliebtheit. Deshalb hier ein paar Proben: zum Nachahmen und als Anregung für eigene Dichtungen!

BRIEFE ZU SANKT VALENTIN

Valentin, Du weißt es schon,
ist der Liebe Schutzpatron.
Wenn es taut im Februar,
wenn noch früh und jung das Jahr,
kommt ein Tag, an dem ich Dir
sende diese Reime hier.
Dir allein! Dich hab ich gern,
bist so süß wie Mandelkern.

*

Gerne käm ich zu Dir hin
heute am Sankt Valentin.
Da dies leider nicht kann sein,
trinke ich ein Gläschen Wein
auf Dein Wohl und denke Dein!

*

Aus (Würzburg) herzliche Grüße
heut zum heiligen Valentin
für Dich, meine Liebe und Süße.
Du weißt schon, wer ich bin.

GUTE WÜNSCHE

Liebesgrüße – in Boulevardzeitungen unter „Herzensglück" veröffentlicht – sollen den Partner oder die Partnerin an den Jubiläumstag des ersten Kennenlernens erinnern.

Ich verehre Dich so sehr,
und meine Liebe zu Dir
wird von Tag zu Tag immer mehr.
Alle Leute sollen es hier lesen:
Ich liebe Dich, – Du zauberhaftes Wesen!
Von Tag zu Tag, das sage ich hier,
wächst meine große Liebe zu Dir!

*

Den Tag, als ich zum ersten Mal
mit Dir, Du kleine femme fatale,
auf Deiner Couch gesessen,
den werd' ich nie vergessen!

POSTKARTENWÜNSCHE

Bleib gesund und fit,
das ist der größte Hit.

*

Es ist so schön, daß es Dich gibt.
Dies schreibt Dir einer, der Dich liebt.

*

Zum heutigen Ehrentage
wünschen wir Dir ohne Frage
statt Trübsinn, Ärger und Verdruß:
Glück, Gesundheit und 'nen Kuß!

PROLOG

Jedes Jahr im Februar feiern wir wie toll,
dann ist unser großes Haus stets von Gästen voll.
Kommen Sie hereinspaziert! Ich, Prinz Karneval,
halte mich noch sehr zurück mit dem Redeschwall.
Narren haben rote Nasen, steigen flink ins Faß.
Laß sie quatschen, laß sie reden: Ihr Geschwätz macht Spaß!
Jedes Jahr im Februar geht es rund und bunt.
Es beginnt die tolle Zeit grenzenloser Heiterkeit.
Lachen hält gesund!

FASCHING

Im Fasching, im Fasching
tut jeder, was er kann.
Der Egon geht als Eskimo
und Ernst als schwarzer Mann.
Der dicke Ritter Kunibert,
der hat es gleich entdeckt,
daß unter dem Kartoffelsack
des Nachbars Hansel steckt.
Der Franzl geht als Zauberer,
und Fritz ist Polizist,
doch niemand hat bisher erkannt,
wer dort die Hexe ist.
Die Lehrerin ist Hans im Glück.
Klein Ruth spielt Lehrerin,
und unsre Marktfrau Barbara
ist Schönheitskönigin.
Im Fasching, im Fasching
tut jeder, was er kann.
Der Egon geht als Eskimo
und Ernst als schwarzer Mann.

EIN FASCHINGSBALL – LEICHT VERDREHT

Die Mücke gab ein Faschingsfest
und lud die Fliege ein als – Gest.
Auch sollten bald erscheinen
ein Paar von – Honigbeinen.
Ein Käfer humpelte durchs Gras,
er hatte einen – Hinkefaß.

Doch Geige spielen konnt' er.
Er spielte frisch und – monter.
Drei Hummeln waren gleich zur Stell'.
Sie tanzten auf dem – Faschingsbell
und hüpften, sprangen, zuckelten,
daß alle Wände – wuckelten.
Man trank und sang mit voller Wucht
vom Abend bis nach - Mitternucht.
Dann flog die ganze Blase
flink und vergnügt nach – Hase.

KOMMT MIT ZUM KARNEVAL!

Helau! Kommt mit zum Karneval
mit Pauken- und Trompetenschall.
Wir wollen zur Zeit der Narren
nicht greinen und nicht quarren.
Wir pusten Schlangen aus Papier.
Konfettischlachten schlagen wir.
Der Saal hängt voll Girlanden,
wo wir zum Tanz uns fanden.
Dort hüpft ein kleiner Astronaut;
der Koch und die Roboterbraut,
sie springen hier verwegen
dem Teufel frech entgegen.
Piraten, Prinzen seht ihr nun.
Ein Rittersmann hat nichts zu tun,
drum weissagt die Zigeunerin
Vergangenheit und Zukunft ihm.
Marsmenschen unterdessen
die Faschingskrapfen essen.

Ein Cowboy bringt sein Pferd zum Stall.
Helau! Kommt mit zum Karneval,
seid nicht verschnupft und frustig;
seid frohgemut und lustig!

DER FASCHINGSPRINZ BEGRÜSST SEINE GÄSTE

Verehrtes, liebes Narrenvolk!
Ob weiblich oder männlich,
das ist hier wirklich ganz egal:
ihr seid euch alle ähnlich!
Mein Auftrag ist's, zum heutigen Fest
ein Grußwort euch zu senden.
Was macht's schon, wenn die Verse holpern
an allen Ecken und Enden?
Ich stolpere so vor euch hin,
will nicht mit Witzen geizen.
Die Geistesblitze sind gemacht,
das Zwerchfell euch zu reizen.
Man reizt den Stier, man reizt den Hahn
zu blutigwilden Kämpfen,
die Blinddarmreizung hilft wohl nur,
die Lachlust uns zu dämpfen.
Dem Zwerchfell aber tut es gut,
es ab und an zu kitzeln.
Wir wissen's: Lachen hält gesund!
Drum wolln wir frozzeln, witzeln.
Verehrte, tolle Narrenzunft,
dafür sind wir versammelt
an diesem Ort der Heiterkeit.
Auf geht's! Und nicht gestammelt.
Als gute Untertanen habt
ihr Beifall mir zu klatschen.
Beim Pritschenschlag darf jeder Narr
den größten Unsinn quatschen.
Helau! Alaaf! Mir ist es gleich,
wie wir uns hier begrüßen.
Dem Schalksnarrn ist das Himmelreich,
wo Witz-Pointen sprießen.
Wir leben hier auf dieser Welt
(wer mag auf sie noch bauen?),
die oft nur noch zusammenhält
mit starkem Gottvertrauen.
Mit Gottvertrauen geht's noch an,
daß wir nicht ganz verzweifeln
an jeder neuen Narretei
von Politik und Teufeln.
Das Lachen ist so bald verlernt,
drum müssen wir gut üben,
uns gegenseitig fröhlich machen
und nimmer uns betrüben.
Doch wem der Schalk im Nacken sitzt,
dem wird es schon gelingen,
daß er den Frohsinn nicht vergißt
und lacht – vor allen Dingen.
Bringt Freude in die Faschingszeit
und einen Schuß Humor!

Ich ruf's euch zu. Seid ihr bereit:
Wo steckt der größte Tor?
Ich höre nichts. Wer tritt heraus,
steigt in die Bütt hinein?
Begrüßen wir ihn mit Applaus,
den ersten Narren hier im Haus,
er wartet vor der Tür dort drauß.
Lasse mer ihn rein?

DER OBERNARR SPRICHT ZUR ERÖFFNUNG DES FESTES

Heut ist die Versammlung der Kicherfritzen,
die alle im Saal in der Ecke sitzen.
Nicht lange, dann kommen die Schnatterliesen,
die quackeln und scherzen und lachen mit diesen.
Der Tischtuch-Türke von nebenan
schaut mich mit blitzenden Augen an.

Zwei Hexen kamen aus Moorland und Torfen
und haben ein Auge auf mich geworfen.
Rapunzel ließ mir ihr Haar herab,
Schneewittchen sprang aus dem gläsernen Grab,
die Meernixe glupschte aus ihrem Teich,
die Haremsfrau verließ ihren Scheich ...
Gespenster geistern im Saale herum.
Was ist denn heut los hier? Mir wird es zu dumm.
Ich frag mal herum hier im großen Saal:
Was wollt ihr hier feiern? – Karneval!
Noch fünf Minuten wartet ihr bloß,
und dann geht es rund hier; der Fasching geht los!

NARREN, SCHELME, GUCKER!

Ein Schalk mit Hut hängt in der Luft,
der ist aus dicker Pappe,
und außerdem hängt hier ein Duft
von Krapfen, und ich tappe
gleich hin zum Kiosk, kaufe mir
'nen Watteball aus Zucker.
Was ist's für ein Gelaufe hier?
Nur Narren, Schelme, Gucker!
Zur Clownsparade stehn bereit
viel grell geschminkte Leute,
denn es ist wieder Narrenzeit,
und Karneval ist heute!
Da schneit's Konfetti überall,
da wehen die Girlanden
auf jedem Rosenmontagsball,
wo sich die Masken fanden.
Da tanzt die Hexe mit dem Scheich,
der Prinz mit der Pierrette.
Im Fasching sind sie alle gleich,
und das grad ist das Nette!

KARNEVAL IM SCHUHSCHRANK

Zwei Cowboystiefel sagten mal,
es waren verrückte Leute:
„Wir machen einen Karneval,
denn Karneval ist heute!“
Im Schuhschrank gab es ein Gedröhn,
Galosche, Pumps, Pantoffel
und Turnschuh tanzten wunderschön,
und auch noch andre Stoffel.
Ein Mokassin, ein Stöckelschuh,
die machten fast Randale,
der Slipper und der Badeschuh
beschimpften die Sandale.
Sie grölten und versöhnten sich
bei Bowle, Schnaps und Bier,
und schliefen ein ganz brüderlich
am nächsten Tag um vier.
Am Abend kam der Herr nach Haus
und öffnete den Schrank,
da purzelten die Schuhe raus,
verkatert und halb krank!
Verkatert und halb krank zu sein,
das ist entsetzlich dumm,
drum trinkt im Fasching lieber Wein;
der Schnaps, der haut euch um.

APRILSCHICKEN

Am 1. April, mein Liebling, paß auf!
Da bindet man dir einen Bären auf;
da schickt man die Narren, wie man will,
hinein in den launischen Monat April.
Soeben ruft dich dein Schulfreund an:
April! Und draußen wartet ein Mann,
der möchte der Oma Kuchen verkaufen.
April! Sie wird ganz vergebens laufen.
Komm, spring mal zum Kaufmann und hole genau
einhundertfünfzig Gramm Buckelblau!
Bring mal für Vati den Steinhobel her,
oder geh gleich zum Tierpark und grüße den Bär.
Dein Mantel ist schmutzig! April! April!
Ein Brief? Du wirst stutzig. April! April!
Laufmaschen im Strumpf, dürfen's die noch sein?
Du fällst auch auf jeden Aprilscherz herein!

NICHT HASENREIN?

Am Waldrand sitzt der Hase Purzel
und kaut vergnügt an einer Wurzel.
Es ist vor Ostern. Um zu ruhn,
denk ich, hätt er zuviel zu tun.
Ein Hase muß doch Eier legen
zu Ostern, nicht wahr? Doch, von wegen,
die Eier kommen nicht vom Hasen,
gähnt er, und streckt sich auf den Rasen.
Er hätte samstags arbeitsfrei,
von ihm gäb es kein Osterei.
Ich bin perplex, und fast erschreckt,
was dieser Hase mir entdeckt.
Ich denke nach und bild mir ein:
Hier ist was nicht ganz hasenrein!

OSTERLIED ZU EINEM ALTEN VERS

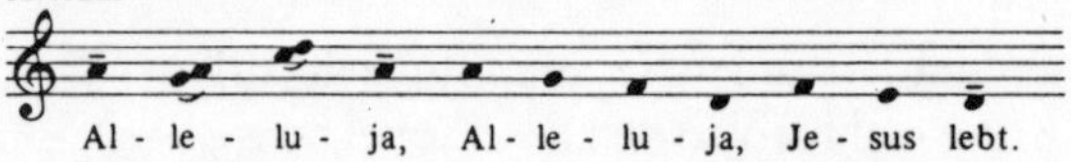

2. Er lag im dunklen Felsengrab,
der Mann, der von sich selber sagt:
Ich bin das Leben, bin das Licht;
wer an mich glaubt, wird sterben nicht.

3. Doch als am Ostermorgen dann
drei Frauen kamen am Grabe an,
lag fortgerollt der Stein so schwer,
und auch das Grab, es war jetzt leer.

4. Der Engel sprach: Wen suchet ihr?
Euer Herr und Heiland, der lag hier.
Er stand vom Tode auf, er lebt.
Den Jüngern es verkünden geht!

5. Ihr Kinder hier im Saale, singt,
daß laut es hallt und daß es klingt.
Er lebt, der Heiland Jesus Christ,
vom Tode er erstanden ist.

Franz Kett

SINGET DIE FREUDE

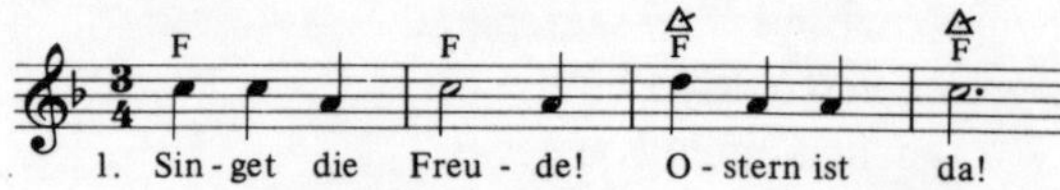

Begleitung zum Text: „Ostern ist da!"

Der Refrain kann auch geklatscht werden.

2. Klatscht in die Hände,
Ostern ist da!
Hallelu, Hallelu, Halleluja.
3. Tanzt um die Kerze...
4. Saget einander...
5. Krokusse blühen...
6. Bienen, die summen...
7. Seid nicht mehr traurig...

Henriette Syndikus

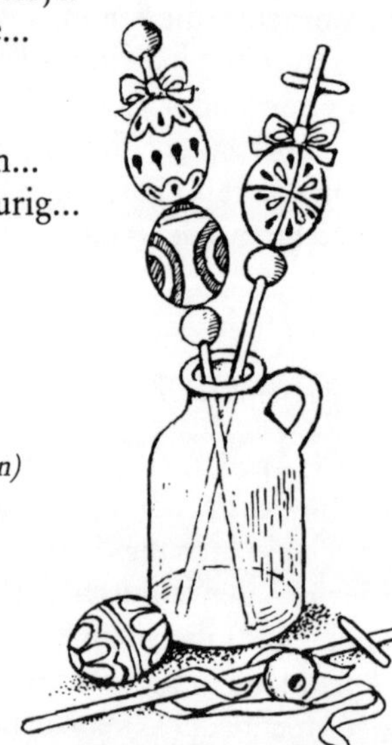

OSTEREIER-VERS

(auf ein Osterei zu schreiben)

Glück Glück Glück,
jeden Tag ein Stück,
jeden Tag ein Ei,
jeden Sonntag zwei.

Aus dem Biedermeier

HÄSLEINS DANK

Was seh ich vor dem Jägerhaus
am frühen Ostermorgen?
Ein Hase hoppelt in den Garten,
der macht sich keine Sorgen.
Ja, gibt's denn so was? Ei der Daus,
das Häschen ist verwegen,
es sucht sich dort ein Plätzchen aus,
um Eier hinzulegen.
Der Osterhase legt dem Jäger
ein Nest voll bunter Eier.
Das ist ein freundschaftlicher Gruß
zur frohen Osterfeier.
Warum beschenkt er heut den Jäger,
was sollen diese Possen?
Der Mann hat bei der Hasenjagd
doch stets vorbeigeschossen!

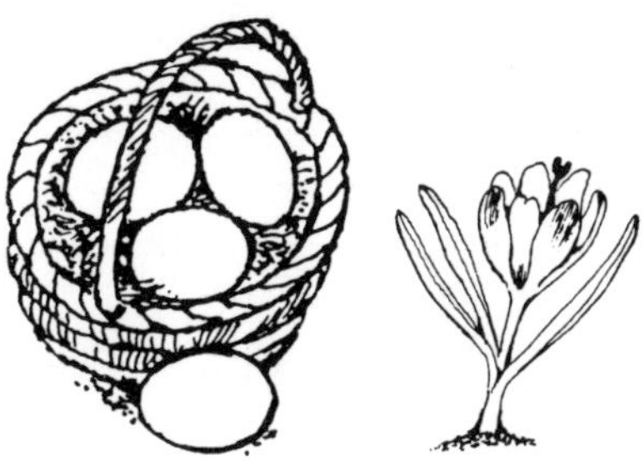

OSTERSPIEL ZUM VORTRAGEN

Schwester:
Ich möchte zu Ostern bei Mümmelmanns sein.
Dann schaue ich gern in die Werkstatt hinein.
Die Kinder der Mümmelmanns sitzen und pinseln
ein Ei nach dem anderen, ohne zu winseln.
Zwar kleckern sie einige Farben ins Gras,
doch das schadet gar nichts, denn Malen macht Spaß.

Bruder:
Ach, Schwester, du bist doch ein albernes Kind.
Glaubst du, daß die Hasen so rückschrittlich sind?
Du weißt doch, das Osterei legt uns das Huhn.
Es haben die Hasen damit nichts zu tun.
Und was so an süßem Geschlecker anfällt,
das wird in Fabriken heut fertiggestellt.

Schwester:
Aus großen Fabriken kommt Naschwerk und Ei?
Und Handarbeit, meinst du, ist fast nicht dabei?
Dann hätten die Hasen ja gar nichts zu tun
und könnten bis Ostern noch schlafen und ruhn.
Das sind mir doch wahrlich bedenkliche Sachen,
wenn alles die Süßwarenhersteller machen.

Bruder:
Nun, immerhin müssen die Hasen sich plagen,
an Ostern die Gaben zur Stadt hinzutragen.
Sie schlüpfen wie immer durch Büsche und Hekken,
um Eier zu bringen und sie zu verstecken.
Such fleißig danach, und du findest wohl was
in Wohnung und Haus oder draußen im Gras.

SCHLEMMERFEST DER KONSUMENTEN

An Ostern haben wir wieder geschlemmt,
weil wir so reichlich hatten.
Der Hase brachte uns Schokolade
der Alpenmarke „Matten".
Die Eier, mit Eierlikör gefüllt,

das Stück zu einer Mark zehn,
die hab ich im Schokoladenladen
von Leckerland gesehn.
Die kleineren Eier mit Zuckerguß
waren welche der Marke Ribo.
Die Oma bekam echten Bohnenkaffee,
natürlich den besten von Tchibo.
Im zweiten Moosnest war Marzipan,
aus Lübeck ist es gewesen,
mit echten Rosen aus Zuckerguß,
die habe ich gleich gegessen.
Die Nougathasen im Großformat,
die kosten sechs Mark dreißig,
zwölf Kirschpralinen kriegte ich auch,
der Osterhase war fleißig.
Der Kuchen, den wir zum Feste aßen,
das Stück zu fast zwei Mark,
der war mit Sonnenrosinen gefüllt
und Milchhof-Dummer-Quark.
Wir schleckten Sahne aus dem Becher
der Marke Immersteif.
Kondensmilch war im Supermarkt
der Preishit „Nimm und greif".
Die Plätzchen gab's für zwei Mark neunzig
im Sonderangebot.
Wir haben gepraßt und haben geschlemmt;
wir litten keine Not!

Und wie feiert *ihr* das Osterfest?

MAI – MAIER – AM MEISTEN

Meine lieben Freunde, die ihr alle in eurer Jugend Maienblüte steht! Besonders begrüße ich an diesem ersten Mai alle, die Maier heißen und einen ganzen Monat lang Namenstag feiern können.

Wir haben uns zum Maiausflug versammelt, wenn er uns auch nicht bis Mailand führt. Auf dem Programm steht die Meisterschaft im Maikäferfotografieren. Die Maisonne scheint, und das Mailüfterl weht. Es duftet überall nach Maiglöckchen und Maiengrün. Auch ohne Mairol steht alles in voller Maienblüte. Wir werden heute weder Majoran noch Majonäse zu uns nehmen, wohl aber einen süffigen Maibock. Der Maitanz wird uns unter dem Maibaum vereinen, und wir wählen aus unseren maienhaft hübschen Maiden unsere heurige Maikönigin. Nach der Maiandacht erhellt der Maimond die Maiennacht, wenn wir übers Maifeuer springen.
Möge uns dieser fröhliche Maientag unvergessen bleiben. Freudig erhebe ich meinen Maipokal und rufe euch allen, die ihr euch hier an diesem schönen 1. Mai eingefunden habt, mit und ohne Meise, fröhlich zu:
O mei, o mei!

ES LACHT DIE WELT!

Storch schaut aus dem Nest hervor.
Grüne Birken vor dem Tor.
Abends brummen Maienkäfer;
Winterschlaf der Siebenschläfer
und der Igel ist vorbei.
Ja, der Mai macht alles neu!
Wiese steht voll sattem Klee.
Hechte jagen durch den See,
weiß im Beet der Spargel schoß,
und die Hasen wurden groß.
Flieder blüht selbst in der Stadt.
Sänger singen frisch vom Blatt,
Schützenfest und Jahrmarkttreiben:

Wer wird da zu Hause bleiben?
Pfingsten ist's! Es lacht die Welt,
und ich hab mich eingestellt,
dir zu sagen, daß ich dich
ehrlich lieb – ganz fürchterlich!

DER TAG DES HERRN

Der Frühling ging beinah vorbei.
Vorsommer ist's, noch blüht der Mai,
da feiern wir ein Fest;
da duftet Flieder weit und breit,
zu Pfingsten weiß die Christenheit,
es kommt der Tag des Herrn!
Die Friedenstaube flog ins Land,
längst schon ist Dir und mir bekannt,
was alle Welt erfuhr.
Ich bin mir sicher, daß Du's weißt:
Zu Pfingsten kam der Heilige Geist,
ein Wunder war geschehn.
Herr Jesus stand vom Grabe auf,
das heil'ge Jahr nahm seinen Lauf,
und fünfzig Tage später,
da schickte Gott die Jünger fort
in alle Welt, an jeden Ort,
die Botschaft mitzuteilen.

Weil Christus auferstanden war,
gab Mut er seiner Jünger Schar,
vom Heiligen Geist beflügelt
ihn zu verkünden, ihren Meister,
die Menschen für ihn zu begeistern
und ihnen Trost zu bringen.

PFINGSTEN

Es ist nicht wie mit andern Programmen,
die kommen und rasch wieder gehn:
SEIN Geist führt in Liebe zusammen,
bewirkt, daß sich alle verstehn.

IHN annehmen, heißt das Gebot –
den Verlassenen hören und sehn,
mit dem Bruder, dem Einsamkeit droht,
durch Angst und Verzweiflung gehn.

Mit dem Fröhlichen Lieder zu singen,
das ist der Weg, den ER weist;
dem Traurigen Liebe zu bringen,
ist heiliger, heilender Geist.

Reinhold Hector

FRÖHLICH WOLLEN WIR BEGINNEN

2. Seht, wie schneidig wir marschieren,
fesche Kleider uns heut zieren!
Seid willkommen, liebe Gäst',
heut zu unserm Sommerfest!

3. Tanz und Spiel wird uns gelingen,
und auch ihr dürft mit uns singen!
Seid willkommen, liebe Gäst',
heut zu unserm Sommerfest!

4. Hat euch unser Spiel gefallen,
   klatscht und freut euch mit uns allen!
   Seid willkommen, liebe Gäst',
   heut zu unserm Sommerfest!

Als Stimmungsmacher ist folgender Sprechgesang zwischen den einzelnen Strophen möglich (vorher mit den Gästen proben!):

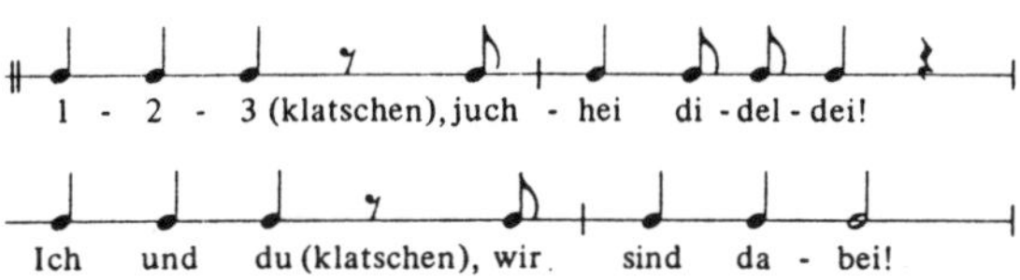

Henriette Syndikus

ERNTEDANKTAG

Danke für die goldene Gerste,
danke für die Frucht am Strauch,
für den Frühtau, für die Sonne
und für Wind und Regen auch.
Danke für den Kohl, den Weizen,
unsere Nahrung, unser Brot;
danke, daß in unseren Breiten
niemand Hunger hat und Not.

ERNTEDANKFEST

Der Baum trägt rote Blätter.
Die Nächte werden lang,
und stürmisch tobt das Wetter.
Wir haben Erntedank.
Wir bringen Feldmelonen
und Blumen wunderbar,
Getreide, Brot und Bohnen
als Gabe zum Altar.
Wir häufen süße Trauben,
des Feldes ganze Pracht.
Wir loben, froh im Glauben,
den Herrn, der dies gemacht.

ZUM TAG DES BAUMES

Einen jungen Baum zu pflanzen,
ist uns heilige Pflicht.
Wer je in seinem Schatten tanzen
wird, das wissen wir nicht.
Wir wünschen ihm gutes Gedeihn:
Unser Baum, den wir hier weihn,
soll stark, gesund und mächtig sein!

TERMINKALENDER

Ein Mann, er hieß Tobias Blender,
der sagte dem Terminkalender
am ersten Tage nach Neujahr,
als noch nichts eingetragen war:
„Rasch, rasch! Ich muß mich vorbereiten!
Es ärgern mich die leeren Seiten!
Denkst du etwa dich auszuruhn?
Ich habe unerhört zu tun!"
Gleich fing er an, an hundert Tagen
hundert Termine einzutragen,
dazu den Flug nach Mexiko
und vieles andre anderswo.
Sitzungen, Reisen, Konferenzen,
nein, nein, die kann man doch nicht schwänzen!
Zuletzt – das neue Jahr wird toll –
war der Terminkalender voll.
Und Blender, tatendrangbesessen,
rief: „Hab ein Datum ich vergessen,
ein wichtiges, Kalender, sag!"
Der brummte: „Deinen Todestag."

Rudolf Otto Wiemer

HOFFNUNG

Es reden und träumen die Menschen viel
von bessern künftigen Tagen;
nach einem glücklichen, goldenen Ziel
sieht man sie rennen und jagen.
Die Welt wird alt und wird wieder jung,
doch der Mensch hofft immer Verbesserung.
Die Hoffnung führt ihn ins Leben ein,
sie umflattert den fröhlichen Knaben,
den Jüngling begeistert ihr Zauberschein,
sie wird mit dem Greis nicht begraben;
denn beschließt er am Grabe den müden Lauf,
noch am Grabe pflanzt er – die Hoffnung auf.
Es ist kein leerer, schmeichelnder Wahn,
erzeugt im Gehirne der Toren,
im Herzen kündet es laut sich an:
zu was Bessrem sind wir geboren;
und was die innere Stimme spricht,
das täuscht die hoffende Seele nicht.

Friedrich von Schiller

ZUM 1. ADVENT

Wir bringen euch das Licht zum ersten Advent,
sehet, wie hell es heute brennt!
Tragt des Lichtes fröhlichen Schein
mit uns in den Advent hinein. *Volksgut*

VIERTER ADVENT

Vier Kerzen sind am Tannenkranz.
So feiern wir Advent,
die Zeit der Ankunft unseres Herrn,
die jeder liebt und kennt.
Der grüne Kranz ist ein Symbol,
er ist das Sonnenrad:
die Macht des Bösen ist besiegt,
wenn er vier Flammen hat.
Vier Kerzen brennen schon am Kranz,
wir feiern Sonnenwende,
das Licht steigt auf, und alle Not
hat nun ein Ende.

WAS TUN WIR IM ADVENT?

Was tun wir im Advent,
daß jedermann das Weihnachtsfest
in vollem Glanz erkennt?
Die Fenster putzen,
das Staubtuch benutzen,
die Betten auslüften,
die Schränke durchdüften,
den Keller auskehren,
das Haar lassen scheren –
das tun wir, Hausfrau und Student
und jeder, der ein Christ sich nennt,
im Advent.

Was tun wir im Advent,
daß jedermann das Weihnachtsfest
in vollem Glanz erkennt?
Aus viel Raritäten
den Stollenteig kneten,
die dicken Nußschalen
mit Silber bemalen,
das Marzipan mischen,
die Äpfel abwischen –
das tut mit Schleck und mit Talent
ein jeder, der ein Christ sich nennt,
im Advent.

Was tun wir im Advent,
daß jedermann das Weihnachtsfest
in vollem Glanz erkennt?
Die Kerzen anzünden,
ein Liedlein erfinden,
ein Strohsternchen weben,
Papierketten kleben,
die Krippe aufbauen,
zum Himmel aufschauen –
das tut mit Lust und Temperament
ein jeder, der ein Christ sich nennt,
im Advent.

Was tun wir im Advent,
daß jedermann das Weihnachtsfest
in vollem Glanz erkennt?
Die Augen ausreiben
fürs Sternentreiben,
die Ohren ausfegen
fürn Engelssegen,
die Herzen aufmachen
fürs Kindeslachen -
das tut im ganzen Okzident
ein jeder, der ein Christ sich nennt,
im Advent.

Kurt Rose

KLEINER ZWEIFLER

Der Niklaus ist ein guter Mann,
bringt seinen Sack mit Gaben an,
er straft den, der was Böses spricht:
aber glauben kann ich's nicht!
Im letzten Jahr konnt' ich ihn sehn,
ich sah ihn auf der Treppe stehn,
vollbärtig war sein Angesicht,
aber glauben kann ich's ...
Er sagte mir im Brummelton:
„Bist du auch immer brav, mein Sohn?"
Groß stand er da im Treppenlicht,
aber glauben kann ...
Ob es den Niklaus wirklich gibt?
Ich hab mein Sprüchlein lang geübt,
ich scheute keine Mühe nicht,
aber glauben ...
Und wieder kommt die Weihnachtszeit.
Ich steh mit neuem Vers bereit
und sprech mein Nikolausgedicht,
aber ...
Aber glauben kann ich's nicht!

ST. NIKOLAUS IST AUTOFAHRER

Der Nikolaus, der alte Mann,
kommt nicht mehr mit dem Schlitten.
Die Kufen sind längst abgewetzt,
die Deichsel hat gelitten.
Die Hirsche ziehen heut nicht mehr
wie in den alten Zeiten.
Auf schwarzem Schneematsch und Asphalt
will auch kein Schlitten gleiten.
Drum kommt der gute Mann zu uns
im Auto vorgefahren.
Geschenke sind im Kofferraum,
so macht er es seit Jahren.
Ein rauher Knecht, ein schwarzer Kerl,
der sich der Krampus nennt,
ist Leibchauffeur beim Nikolaus
und saust, als ob es brennt!

GESPRÄCH ZUM NIKOLAUSTAG

(Nikolaus und Engel unterhalten sich im Himmel)

N: Du, Engel, schautest auf die Welt
durchs Sternenfenster, vom Himmelszelt.
Wie wird's auf der alten Erde gehn?
Sag mir, was hast du dort gesehn?
E: Ach, Nikolaus, wie's immer war.
Genauso wie im letzten Jahr.
Ich sah gerad zwei Kinder streiten.
Das sieht man oft in diesen Zeiten.
N: So, so! Das ist ja böse Kunde.
Was höre ich aus Engelsmunde?
Gibt's denn nichts Gutes zu berichten,
ein paar erfreuliche Geschichten?

E: Erfreuliche Geschichten? Nein!
Die guten Taten sind sehr klein.
Nur eines sah ich ganz genau:
Ein Kind half einer alten Frau!
Die Oma kam bei dem Gerase
allein nicht über eine Straße.
N: Das war doch eine gute Tat!
Ich meine, in gewissem Grad...
E: Nun ja, man soll es anerkennen.
Auch kann ich dir ein Mädchen nennen,
das streut den Wintervögeln Brot
und leidet beinah selber Not.
Solch gutes Handeln ist sonst selten!
N: Deswegen will ich es vergelten.
Die Stiefel her, und her den Sack!
Jetzt geht es wieder huckepack
auf blankem Sternenstrahl zur Erden,
denn Weihnachten will's wieder werden!
Die guten Mädchen und die Knaben,
die sollen meine Gaben haben.
Die andern müssen sich besinnen
in ihrer schwarzen Seele drinnen.
Bring mir die Stiefel! Es ist Zeit.
Mein Wanderweg ist lang und weit.
E: Ja, Nikolaus! Man kennt dich schon:
Du bist ein guter Schutzpatron!
Du solltest drunten auf der Erde
den Kindern nicht mit viel Beschwerde
die Schuhe voll mit Naschwerk stopfen.
Nein, lieber tüchtig Hosen klopfen!

AN DEN NIKOLAUS

Lieber heil'ger Nikolaus,
sei willkommen hier im Haus.
Mach nicht lange Federlesen,
ob wir auch recht brav gewesen!
Teile aus mit vollen Händen
und laß Gut und Bös bewenden.
Was uns nicht gelungen ist,
dafür gib ein Jahr uns Frist.
Kehrst im nächsten Jahr du ein,
wirst du sehr zufrieden sein.

Alexander Carelius

DANKREDE AUF NIKOLAUS

(Nach der Bescherung auf einer Weihnachtsfeier während des gemütlichen Beisammenseins bei Kaffee und Kuchen)

Lieber guter Nikolaus!
Auch in diesem Jahr hast du uns wieder einmal, wie in jedem Advent, mit deinen süßen Gaben so freundlich belohnt und beschenkt. Wir danken dir dafür in aller Herzlichkeit. Die Kleidermode wechselt jährlich zweimal. Einmal im Frühling und einmal im Herbst. Aber du, lieber Nikolaus, hältst nichts von Wechsel und Wenden. Jedes Jahr zum Beginn des Dezembers steigst du wieder auf

die Erde nieder, und alle Jahre wieder kommst du in deinem roten Mantel und deiner Bischofsmütze daher. Es ist dieselbe Mode, der gleiche rote Mantel und die pelzernen Stiefel, seit vielen hundert Jahren! Wem ist dein Aufzug nütze? Wir alle leben in einer modernen Wegwerfgesellschaft. Die Farben unserer Pullover, Kleider und Blusen ändern sich Jahr für Jahr. Was gestern noch lila war, muß heute moosgrün sein. Oder pinkfarben oder bernsteingelb. Dein knallroter Mantel hingegen wäre vom modischen Standpunkt her längst out, wie man heute auf gut deutsch zu sagen pflegt. Du aber läßt dich nicht beirren. Du hast deinen Mantel noch nicht einmal gewendet, geschweige denn gegen einen neuen Umhang in den Farben der diesjährigen Wintermode eingetauscht. Auch deine Barttracht ist immer dieselbe. Die weiße Watte um dein Kinn trägst du nun schon seit Olims Zeiten. Wann, so frage ich dich, ist der Bart endlich ab?
Ja, gäbe es eine Bischofsfrau, die uns besuchen käme! Die würde die Mode wechseln! Die käme sogar im Engelslook oder in „himmlischer" Unterwäsche. Pardon! Ich weiß, so etwas Sündhaftes darf ich in deiner erhabenen Gegenwart gar nicht äußern. Aber ehrlich, ein weibliches Himmelswesen würde bestimmt auf den Dreh kommen, sich ein bißchen zu schmücken und herauszuputzen, bevor's herab zur Erde ginge. Du jedoch bleibst konservativ, wie du es schon immer gewesen bist. Da hat sich nichts geändert. Jedes Jahr erscheinst du bei uns in der gleichen Tracht, und ich glaube, auch wir haben uns daran gewöhnt. Wir wollen dich gar nicht anders. Lieber Nikolaus, bleib so, wie du bist! Das wünschen wir dir und uns. Komm auch im nächsten Jahre wieder zu uns, im roten Mantel, mit Bischofsmütze und Pelzstiefeln, so wie wir es von dir gewöhnt sind. Wenn du wieder im Stiegenhaus polterst, nachdem du zu uns gekommen bist und in deinen großen Gabensack gegriffen hast, dann sind wir froh, glücklich und zufrieden.
Bleib schön gesund, lieber heiliger Nikolaus! Komm gut wieder heim und grüße Petrus und die lieben Engel im Himmel recht schön von uns. Von uns allen, die wir deine köstlichen Gaben empfangen haben, von mir, dem Festredner dieser Runde ganz persönlich, und von all den anderen vielen kleinen und großen Sündern hier auf dieser runden, bunten Erde!

EIN KIND, ALS WEIHNACHTSMANN VERKLEIDET

Ich bin der Lehrling vom Weihnachtsmann,
ich komme mit Sack und Rute heran,
ich bringe Geschenke nach altem Brauch,
und meine Rute gebrauche ich auch.
Ihr wißt, neue Besen, die kehren wohl gut,
das trifft auch auf mich zu. Doch Leute, habt Mut.
Der Weihnachtsmann hat viel zu tun,
und gleichfalls sein Lehrbub, er darf nicht ruhn.
Drum sagt mir schnell eure Verse her,
damit ich euch etwas Gutes bescher.
Nur zu! Wer weiß seinen Spruch? Fangt an!
Kommt, fürchtet euch nicht vor dem Weihnachtsmann!

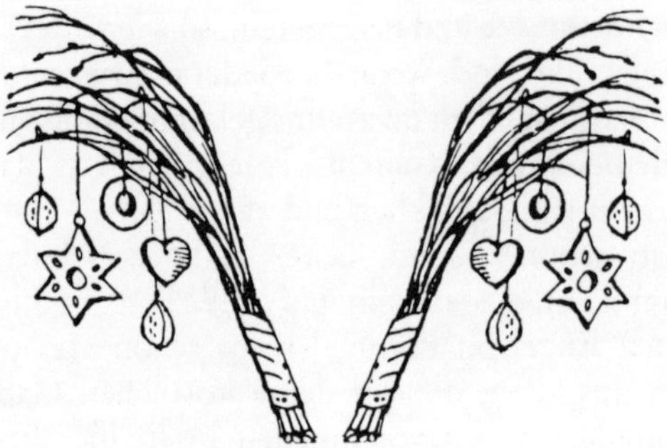

DER ALTERNATIVE WEIHNACHTSMANN

Der Weihnachtsmann sagt: „Bitte sehr,
von drauß vom Walde komm ich her!“
Bei der Begrüßung fällt mir ein:
Er wird doch wohl kein Grüner sein?
Der Weihnachtsmann alternativ,
da schaut wohl mancher schräg und schief.
Dann wird's mit Zuckerleckerei'n
und Schaum und Schleck vorüber sein.
Dann gibt es nichts aus Schokolade
und Marzipan. Doch ist das schade?
Die Äpfel, Nüsse läßt er gelten.
Lebkuchen sind wohl auch nicht selten,
doch sind sie ganz aus Roggenschrot.
Statt Stollen gibt es Knäckebrot
und statt Likör nur Birnensaft
und Quark statt Torte (der gibt Kraft)!
Wir lebten alle ganz gesund
zum Christfest. Doch ich kenn den Grund,
warum wir nicht so gerne hören
von frischen Kräutern, rohen Möhren
zur Winterszeit und zu der Frist,
da uns der Herr geboren ist.
Darben wollen wir nicht verkündigen,
sondern alle so richtig „sündigen“!

DER WEIHNACHTSMANN LIEBT SEINEN JOB

Wo wohnt der Weihnachtsmann?
In Hintertann.
Dort lebt er als Rentner,
und jeden kennt er,
der in Hintertann Urlaub macht.
Der Weihnachtsmann stapft bedacht
durch den Hintertanner Wald.
Dort trifft er dann bald
Spaziergänger, Eltern und Kinder,
die fragen: „Wie wird es im Winter?
Kommen Sie, ohne zu fluchen,
uns wieder zum Christfest besuchen?“
Der Weihnachtsmann nickt: „Na, klar!
Einen Tag lang Arbeit im Jahr,
die laß ich mir nicht nehmen.
Ich müßte mich sonst ja schämen;
sie ist, liebe Leute,
meine einzige Lebensfreude.
Zwölf Monate muß ich ruhn
und habe gar nichts zu tun.
Wenn man mir den letzten Arbeitstag nimmt,
dann wäre ich traurig gestimmt.
Dann würden Sie sehen:
Ich würd zur Gewerkschaft gehen!
Sie können aber beruhigt sein,
den Weihnachtsmann spart man nicht ein,
ich falle gewiß zuallerletzt
unter das Kostendämpfungsgesetz,
denn jedermann grollte,
wenn man mich abschaffen wollte!“

SCHÖNE BESCHERUNG

Was es für Gaben diesmal gibt?
Da werdet ihr wohl schauen:
Der Weihnachtsmann schenkt dieses Jahr
euch lediglich Vertrauen!
Seht, er versteckt es nicht einmal,
im stillen es zu hegen;
nein, das Vertrauen, das er hat,
er bringt es euch entgegen!
In Weihnachtspäckchen gut verpackt,
in goldenen und blauen,
bringt er euch diesmal zum Geschenk
unsagbar viel Vertrauen.
Ein großer Schatz wird euch gegeben,
drauf könnt ihr Häuser bauen.
Verachtet mir die Gabe nicht,
wer sonst schenkt euch Vertrauen?

ICH WÜNSCHE EUCH EIN FROHES FEST

Ich wünsche euch ein frohes Fest
mit Schnee und Sternennächten –
und statt des Plastikbaumes einen echten
mit roten Äpfeln im Geäst.

Ich wünsche euch ein frohes Fest
in heimischen Gemäuern,
auch trocknes Holz darin zum Feuern
für ein gemütlich warmes Nest.

Ich wünsche euch ein frohes Fest!
Nehmt nur die Gaben nicht zu wichtig
und auch nicht, was ihr abends eßt!
Ihr seid dem Christkind Demut pflichtig.

Ich wünsche euch ein frohes Fest
und keinerlei Beschwerden,

ich wünsch' den Engel vom Podest
zu euch hinunter auf die Erden!

Ich wünsche euch ein frohes Fest!
Und plagt das Kind nicht mit Gedichten!
Seht lieber, wie sich's machen läßt,
den alten Streit zu schlichten!

Ich wünsche euch ein frohes Fest,
den Lichtschein überm Krippenstroh,
und daß in euren Blicken froh
sich Weihnachtsglanz noch spiegeln läßt

Elli Michler

SIE FUNKELN ÜBERALL

ICH will dir was sagen, ich hab einen Baum –
DU wirst ihn bestaunen – voll Zuckerschaum!
ER trägt auf der Spitze sogar eine Sonne,
SIE schimmert ganz golden – welche Wonne!
ES ist eine Pracht in der Winternacht.
WIR haben das alles selber gemacht.
IHR werdet's erfahren, es sind keine Träume,
SIE funkeln zur Weihnacht: die Tannenbäume!

ZÜNDE DEN TANNENBAUM AN

Im heimeligen Advent
wird gebastelt, was jeder kennt:
die Krippe, der Stall,
die Engelein all,
das heilige Paar,
Goldsterne sogar.
Da backen wir Stollen
und singen wollen
wir fröhliche Lieder,
alle Jahre wieder
derselbe Klimbim,
frisch, fröhlich und – schlimm.
Wir müssen uns placken,
Geschenke verpacken ...
Ein Vers wird geleiert,
und dann wird gefeiert,
getrunken, gegessen,
geschmatzt und – gefressen;
der Baum steht geschmückt.
Die Gans ist geglückt.

Wir spachteln sie runter
und denken mitunter
bei Rotwein und Sekt,
wenn's wieder mal schmeckt,
wie's anderswo brennt:
Krieg im Advent!
Flüchtlinge, Elend und Not.
Verhungernde schreien nach Brot.
Ach, was! Reich mir das Marzipan
und zünde den Tannenbaum an.

HEILIGE NACHT

Der Stall ist düster, ohne Licht,
der Heiland auf der Streu.
Ein Lächeln spielt um sein Gesicht,
es riecht nach frischem Heu.
Madonna auf dem Bohnenstroh,
ihr Ehemann daneben
blickt in die Krippe, lächtelt froh.
Darüber ist ein Schweben.
Hoch oben überm alten Stall,
da kreisen wie Raketen
Posaunenengel durch das All,
die jauchzen und trompeten.
Die Hirten hören's auf dem Feld,
sie haben's laut vernommen,
anbetend sind zum Herrn der Welt
sie allesamt gekommen.
Sie knien sich hin. Sie fassen's kaum,
was in der Nacht geschehen.
Ein Stern strahlt golden hoch im Raum,
wie ihn kein Mensch gesehen!

ALS UNSER HEILAND GEBOREN WURDE

Als unser Heiland geboren wurde,
waren Maria und Josef auf Reisen.
Sie wohnten in keinem Grand-Hotel,
sie schliefen in Tannenschneisen.
Doch weil's in den Wäldern zu unwirtlich war,
bezogen sie einen Stall.
Dort wurd in der Nacht der Heiland geboren,
und die Hirten, sie kamen all.
Ein Engelchor lobte das Wunder der Nacht.
Das Kindlein lag nackt auf dem Stroh.
Drei heilige Könige knieten davor,
und die Welt wurde wieder froh.

KLEINES KRIPPENSPIEL MIT WEIHNACHTSLIEDERN

(A: Ansager, M: Maria, J: Josef, W1: 1. Wirt..., E: Engel, H1: 1. Hirt...)

A: Hört die Mär aus alten Tagen,
höret her und laßt euch sagen,
eine Zählung, weit und breit,
stand am Anfang unserer Zeit.
Ja, der Kaiser hat befohlen,
daß sich alle schätzen sollen,
jeglicher in seiner Stadt,
die ihn einst geboren hat.
Da nun hob ein Wandern an,
Kinder, Greise, Frau und Mann.
Josef und Maria sind
auch dabei im Winterwind.
Spät erst kommen sie zur Stadt,
wo es keine Herberg hat.

M: Es ist so kalt, ich frier.
Ach, öffnet doch die Tür!
W1: Nein, nein, ach nein!
Das kann doch gar nicht sein.
J: Ach, öffnet doch geschwind.
Mein Weib bekommt ein Kind.
W2: Nein, nein, ach nein!
Wir lassen niemand rein.
M: Erbarmt euch unsrer Not.
Den Dank bescher euch Gott!
W3: Im Stall auf Stroh und Heu
ist noch ein Plätzchen frei.
J: Wir danken sehr dafür.
Der Herr vergelt es dir!
A: Die Hirten auf dem Felde
lagen bei den Schafen.
Die Hirten auf dem Felde
konnten heut nicht schlafen.
E: *(singt)* Vom Himmel hoch, da komm ich her.
Ich bring euch gute, neue Mär.
Der guten Mär bring ich soviel,
davon ich singen und sagen will.
A: Was war das nur für ein Gesang,
der über Wald und Wiese klang?
E: Euch ist ein Kindlein heut geborn,
von einer Jungfrau auserkorn.
Ein Kindelein, so zart und fein,
das soll euer Freud und Wonne sein.
H1: Ich hab es gehört mit eigenen Ohren:
Der Heiland der Welt ist heute geboren!
H2: Wir müssen dem Kindlein Geschenke bringen,

und ihm zu Ehren ein Loblied singen.
Kommet, ihr Hirten, ihr Männer und Fraun,
kommet, das liebliche Kindlein zu schaun.
Christus, der Herr, ist heute geboren,
den Gott zum Heiland euch hat erkoren.
Fürchtet euch nicht.
A: So zogen die Hirten zum Stalle hin,
da lag das Kind in der Krippe drin.
Da lag das Kind auf Heu und auf Stroh.
Maria wiegt' es und lächelte froh.
Die Hirten aber knieten nieder.
Da hörten die Stimme des Engels sie wieder.
E: *(singt)* O Jesulein zart, o Jesulein zart!
Das Kripplein ist hart, wie liegst du so hart!
Drum schlaf und tu die Äuglein zu.
Schlaf und gib uns die ewige Ruh.
A: Die Stimme des Engels war verklungen.
Da haben die Hirten auch gesungen.
Das Öchslein muhte. Der Esel schrie,
und hell erklang diese Melodie:
(Gemeinsamer Gesang)
O du fröhliche, o du selige,
gnadenbringende Weihnachtszeit.
Welt ging verloren, Christ ist geboren.
Freue dich, freue dich, o Christenheit!

WEIHNACHTSGRUSS-BRIEF

(Für Leute, die Spaß verstehen)

Liebe / Sehr geehrte / Geliebte / Verehrte / Eltern! / Großeltern! / Verwandte! / Onkel und Tante! / Kusine! / Kusinen! / Vettern! / Vettern und Kusinen! / Freunde! / Freundin! / Nachbarn! / Nachbarin!

Frohe / Fröhliche / Gesunde / Gesegnete / Friedliche / Weihnacht / Weihnachten / Festtage / Christtage / wünscht / übermittelt / mit besten / allerbesten / freundlichen / herzlichen / Grüßen / Wünschen / Empfehlungen
Dein / Deine / Euer / Eure

____

(Unterschrift)

Gebrauchsanleitung: Text fotokopieren. Gewünschtes unterstreichen. In ein Kuvert stecken. Anschrift und Briefmarke nicht vergessen. Ab geht die Post!

ZWISCHEN DEN FESTEN

Wieder sinkt eine stille Weihnacht
in den ewig rinnenden Strom
der rastlosen Zeit. –
Viele Gedanken und Erinnerungen
werden wach und verwehen wieder.
Was ist denn ein Jahr?

Lenalisa Francke

GEDANKEN AM ENDE EINES JAHRES

Ein Jahr hat uns der Zeit entrückt,
die wir nicht gern verlieren.
Solang sie unser Jungsein schmückt,
kann uns nicht viel passieren.

Doch wenn die Zeit uns älter macht –
wir können's nicht vermeiden –,
sind wir auf unsre Zeit bedacht
und müssen uns bescheiden.

Ein Jahr hat uns viel Zeit geschenkt.
Wir haben's nur nicht so empfunden.
Wir waren zu oft abgelenkt,
so ist sie uns entschwunden.

Ein Jahr hat uns den Krug gefüllt,
von dem kein Rest geblieben,
den Lebenshunger uns gestillt,
sein buntes Spiel mit uns getrieben.

Ein Jahr hat uns die Hand gereicht.
Sein Abschied macht beklommen.
Wie schnell doch solch ein Jahr verstreicht!
Ein neues wird bald kommen.

Elli Michler

JAHRESWENDE

Jetzt liegt dein Jahr schon aufgeschlagen
vor Gott. Die kleine Spanne Zeit
bleibt dir in Gnade aufgetragen
als Wegstück in die Ewigkeit.
Du wirst aus Sternen nicht erfahren,
ob Gott dich prüft, ob er dich schont.
Du mußt ihn dort am Zaun gewahren
und bitten, daß er bei dir wohnt.
Leih ihm den Arm an deiner Schwelle
und sage ihm: 'Nun iß dich satt.'
Auch wenn du weißt, daß der Geselle
nicht einen roten Heller hat.
Sie werden lachen und beginnen,
dich zu gebrauchen ohne Treu.
Es wird der Sand im Glas verrinnen
und füllt ein anderes dir neu.

Edmund Johannes Lutz

S LEBN

S Lebn, s Lebn is a komische Gschicht –
da fangts o, dort siehgst, wias zerbricht.
Und vui Leit auf dera Welt
ham, denk i, s Lebn verfehlt.
Arbatn deans von früah bis spät,
so vui und so lang, wias no grad geht.
Aber d Kinder derfns oft biaßn,
daß de Eltern arbatn miaßn.
Mensch, de Wohnung is fei deier,
a neis Auto wollns no heier,
s Gwand muaß aa erneiert wern,
dees oide is längst unmodern.
Da Sommer kimmt boid, Jessas naa,
in Urlaub gfahrn werd dees Jahr aa.
„Da glangt uns s Geld ganz gwiß no net,
miaß ma schaugn, daß mehra geht!"
So werd gwerglt Tag für Tag.
Überstunden? Gar koa Frag –
fürn Urlaub und an größern Karrn
und den ganzn andern Schmarrn.

Wenns dees ois ham, moanans gern,
daß jetzt zu de Bessern ghern.
Bloß is meistens dann a so:
S Lebn is eahna längst davo.
Jammern deans: „Wo san de Jahr?
Oid worn samma, dees is wahr,
ham uns bloß mit andre gmessn
und dabei aufs Lebn vergessn.
Jetzt auf oamoi foits uns ei:
O kannt ma doch no jünger sei!"
S Lebn is kurz. Wia schnell s vergeht!
Hoff ma, daß uns net so geht!

Gisela Lallinger

(Zum Nachdenken, nicht nur an Silvester)

WAS DAS JAHR ÜBER GESCHAH

In diesem Jahr war wieder manches los.
Die jungen Katzen wurden groß,
und Tante Rut bekam ein Kind,
obwohl dort schon drei Kinder sind.
Der Opa starb im Februar,
als noch das Narrentreiben war.
Zu Ostern fuhren wir ins Grüne
und sahn auf einer Bauernbühne
den „Sängerkrieg der Heidehasen".
Der Sommer bracht verstopfte Straßen
und Ferien – ach, viel zu kurz!
Doch mir persönlich war das schnurz.
Dann kam Sabine in die Schule.
Dirk fiel in eine Mörtelkuhle,
als wir uns auf dem Bau versteckten
und rote Dauerlutscher leckten.
Ich weiß auch noch, daß Jahrmarkt war,
und mit dem Herbst verrann das Jahr.
Die Felder wurden weiß und weit,
und es begann die Weihnachtszeit.
Denk ich nun an das Jahr zurück,
so war es gut und prall vor Glück.
Jedoch nicht jedem bracht es Freud.
Es brachte Hunger, Dürre, Leid
und Kriege, Revolution. –
Wir freilich merkten nichts davon.

Leicht zu verändern bzw. zu erweitern.

SPIEL VON DEN JAHRESZEITEN

1.: Ich bin der Frühling!
Ich stelle mich vor.
Ich trage Veilchen
hinter dem Ohr.
Ich spiele die Flöte.
Dann lächelt der See.
Die Stare zwitschern,
wo immer ich geh.

2.: Ich bin der Sommer!
Ich trage die schweren
wiegenden, wogenden,
reifenden Ähren.
Ich bringe Korn
und bringe Brot.
Bei mir, da leidet
niemand Not.

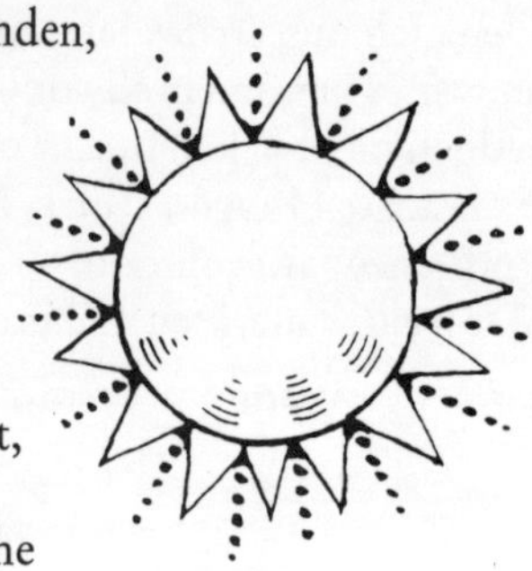

3.: Ich bin der Herbst,
ein Jägersmann.
Ich jage die Hirsche
durch Forst und Tann.
Ich blas das Horn.
Die Jagd ist aus.
Es heult der Sturmwind
um das Haus.

4.: Ich bin der Alte.
Ich bin der Winter,
der weiße, der kalte.
Mich lieben die Kinder.
Ich bringe den Schnee
und die Rodelfahrten.
Ich bin kein Freund
vom Weichen und Zarten.

1.: Ein Kind.
2.: Ein Jüngling.
3.: Ein Mann.
4.: Ein Greis.
1.: So kommen wir her,
als des Jahres Kreis.
2.: So wollen wir auch
ganz wunderbar
euch wieder erfreuen:
A.: im neuen Jahr!

ZUM JAHRESENDE

Die Erde, ein besondrer Ball,
bewegt sich wie im Tanze
und ewig kreiselnd durch das All
mit Mensch und Tier und Pflanze.
Sie braucht, so lernen wir's, ein Jahr,
die Sonne zu umkreisen.
So sind wir Menschen immerdar,
sogar im Schlaf, auf Reisen.
Schwestern und Brüder, labt euch heut
an Wein und guten Gaben,
da wir den Sonnenball erneut
einmal umkreiselt haben!
Es freue sich, was lebt und liebt,
solang die Winde wehen,
solang es Mond und Sonne gibt,
solang sich Sterne drehen.
Wir reisen weiter durch das All,
solang die Welt sich dreht,
solang der gelbe Sonnenball
noch fest am Himmel steht.

James Krüss

SILVESTERABEND

Das alte Jahr geht nun zur Ruh
und zieht den weißen Vorhang zu,
und zeigen die Uhren auf Mitternacht,
so sei dem Neujahr ein Hoch gebracht!

JAHRESSCHLUSS

Diese schönen stillen Tage
werden uns zum Schluß geschenkt.
Stellen dir und mir die Frage,
wo das Jahr uns hingelenkt.

Waren Freuden dir gewogen,
hat das Glück sich eingestellt,
oder hat der Schein getrogen
wie so oft in dieser Welt?

Bleibt auch noch die Antwort offen,
mußt es trotzdem eingestehn,
daß du's noch ganz gut getroffen
hast bei allem, was geschehn.

Brauchst nicht sonderlich zu klagen,
sag nur lieber Dankeschön.
Galt es Schweres zu ertragen,
wuchs die Kraft zum Überstehn.

Schönes war dir zugemessen.
Mancher Tag, an Wundern reich,
läßt die Nächte dich vergessen,
schmerz- und sorgenvoll zugleich.

Licht und Freude, Leid und Plage
nimmt die Zeit in ihre Hut.
Mit dem neuen Jahr zutage
tritt auch wieder neuer Mut.

Elli Michler

STOSST AN MIT SEKT!

Mit Musik und Knallerei
kommt das neue Jahr herbei.
Bringt es Freude, bringt es Glück
und Erfolg ein großes Stück?
Bringt es Armut, Not und Pein,
wird es voller Sorgen sein?
Niemand weiß es ganz genau,
ob die Tage trüb und grau
oder ob der Himmel lacht
und ein Engel uns bewacht.
Alles, was das Jahr uns bringt,
ob die Arbeit uns gelingt,
ob die Krankheit uns verschont,
Gottes Segen uns belohnt,
ob wir ohne Schreck und Krise
glücklich überstehen diese
zwölfmal runden dreißig Tage,
das ist nun die große Frage,
während die Raketen knallen,
sprühend auf die Dächer fallen,
farbenprächtig anzuschauen.
Katzen voller Angst miauen,
wenn vorm Gasthaus ein Student
sich die Finger hier verbrennt.
Auch der Dackel nimmt reißaus
und verschwindet aus dem Haus.
Wo der dumme Hund nur steckt?
Freunde, kommt: Stoßt an mit Sekt!

4. Glückwünsche für Heim und Gastlichkeit

DEIN HÄUSCHEN

Des Hauses Augen sind die Fenster,
schau ich dein Häuschen, das ist klar.
Der Windfang ist des Hauses Nase,
der Schornsteinrauch des Hauses Haar.
Sein Magen ist das größte Zimmer,
der Wände Rippen sind viel wert,
das Dach ist seines Schädels Schale,
sein Herz, das ist der Küchenherd.
Dein Häuschen ist ein guter Kumpel,
es schützt dich, wenn es gießt und blitzt.
Es friert und zittert, wenn es kalt ist,
genau wie es bei Hitze schwitzt.
Dein Häuschen wird dich überleben,
fest ist's, und sein Charakter grad;
es ist gesund bis auf die Knochen:
wohl dem, der solch ein Häuschen hat!

DIE ALTEN HÄUSER

Die alten Häuser sollten fort.
Neubauten müssen an den Ort
aus Stahl, Beton und riesenhoch.
Hochhäuser gibt es noch und noch.
Die alten Häuschen, echt gewachsen,
die standen da auf schiefen Haxen,
mit krummem Rücken, hochbetagt.
Drum werden sie davongejagt,
ausradiert und planiert!
In alten Häusern war man froh,
in neuen ist das oft nicht so.
Die Alten ehrt man nicht mehr heut,
sie passen nicht in unsre Zeit;
sie werden wegsaniert.
Ihr aber habt nicht mitgetan,
ihr renoviertet, bautet an;
es strahlt die alte Bausubstanz
in funkelnagelneuem Glanz:
drum sei euch gratuliert!

UNTER EINEM NEUEN DACH

Ein Dach kriegt immer was aufs Dach.
Bei Hitze gibt es Ungemach;
da sticht die Sonne heiß und stark
dem Dach bis in das Ziegelmark.
Nachts hörst du dann die Regentropfen,
die prasselnd auf die Schindeln klopfen.
Im Winter trägt es eine Mütze
aus Schnee, und die ist nicht viel nütze.
Was hilft's? Das Dach muß ohne Klagen
den Schnee, den Frost, den Sturm ertragen.
Es duldet gern auf seiner Haube
Star und Amsel, Spatz und Taube.
Es trägt auch einen Blitzableiter,
Antenne, Schornstein und so weiter.
Es schützt, die unterm Dache wohnen
und läßt sich nicht dafür belohnen.
Ein Dach ist stark; es wird nie schwach,

und kriegt doch immer was aufs Dach!
Ihr, die ihr meinen Reim vernommen,
seid unter ihm gut untergekommen,
wollt fröhlich euch die Zeit vertreiben:
So möge es für immer bleiben!

SEGENSWUNSCH FÜR EIN NEUES HAUS

Wir kommen gratulieren,
gerichtet ist das Haus,
hat Fenster und hat Türen
und sieht gar stattlich aus.
Der Maurer hat's gemauert,
der Zimmrer überdacht,
doch daß es hält und dauert,
das steht in Gottes Macht.
Und schützt das Dach vor Regen,
die Mauer vor dem Wind,
so ist doch allerwegen
an Gott allein gelegen,
wo wir geborgen sind.

Otfried Preußler

RICHTFESTSPRUCH FÜR KINDER

Das Dach ist aufgerichtet,
bald fertig ist der Bau.
Hoch oben steht das Bäumchen
mit Bändern rot und blau.
Wir wollen gratulieren
zu dieser schönen Pracht
und wollen mit euch schmausen,
auch wenn wir nichts vollbracht,
als nur gestaunt und zugeschaut,
wie man dies große Haus gebaut...

WO ES AM SCHÖNSTEN IST

Ich kannte einen klugen Mann
in Nakel an der Netze,
der sparte nicht mit Gut und Geld
und häufte keine Schätze.
Schon in der Jugend zog's ihn fort,
der Mann war gar nicht heikel,
er ging zum Studium nach Bonn
und dann nach Wanne-Eickel.
Drauf reist' er durch die weite Welt
in über hundert Reiche;
nachts schlief er unterm Sternenzelt,
traf Bettler und auch Scheiche.
Er war in Kamerun zu Gast,
in Cannes, auf den Komoren,
und hinterm Nordkap ist ihm fast
das linke Ohr erfroren.
Er sah sich um in Mexiko,
auf Kuba und Hawaii;
er war beim Zug der frommen Pilger

in Mekka mit dabei.
Er trat in Funk und Fernsehen auf,
in Boston und Berlin,
fast täglich gab er Interviews,
und jemand fragte ihn:
„Sie reisten um die ganze Welt:
wo sind die schönsten Plätze?"
Da sprach der Mann: „Am schönsten ist's
in Nakel an der Netze!
Wo ich mein kleines Haus gebaut,
da zieht's mich immer hin;
wer je ein eignes Heim bezog,
der weile froh darin!"
Ich sage euch: der Mann hat recht,
und klug ist, was er sprach.
Ein eignes Heim ist niemals schlecht,
birgt selten Weh und Ach.
Auch euch sei's Burg und Zufluchtsort
im täglichen Gehetze.
Lebt glücklich dort – wie jener Mann
in Nakel an der Netze!

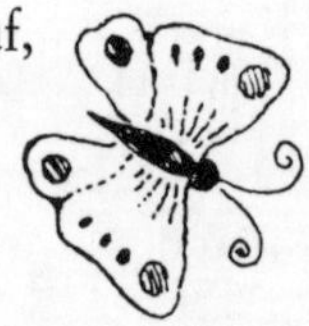

ZUM EINZUG INS NEUE HAUS

Den Einzug in das Haus zu feiern, sind wir hier,
und allen, die drin wohnen werden, wünschen wir:
Haltet fern, ihr Fenster, Sorgen und Gespenster!
Alles Helle laßt herein, Freude und den Sonnenschein, Sonnenschein!

Zum Einzug in das neue Haus, was schenken wir?
Wir pflanzen einen Zauberstrauch im Garten hier,
daß er zu euch bringe viele Schmetterlinge!
Blühen soll der Falterstrauch, Sommerflieder heißt er auch –
Falterstrauch.

Hans Baumann

RICHTSPRUCH FÜR EINE KIRCHE

Zur Ehre Gottes wurde hier
ein großer Bau errichtet,
wie man in dieser Gegend wohl
noch keinen hat gesichtet.
Die Handwerksleute mühten sich,
man plante ganz modern.
Nun bleibe Gottes Segen auch
dem Werke niemals fern!

Es diene allen Menschen hier
als Treffpunkt und als Ort
des Glaubens, Hoffens, Liebens vor
dem Herrn und seinem Wort.
Es sei dem Guten auf der Welt
dies Gotteshaus geweiht,
daß es von Seiner Gnade künde
bis in die fernste Zeit.

ZUR EINWEIHUNG DER NEUEN SCHULE

Ach, im alten Schul-Lokal
war die Enge eine Qual.
Darum war der Unterricht
auch der allerbeste nicht.
Doch ein Wunder ist geschehn:
Man erhörte unser Flehn.
Heimlich, leise, mit Bedacht
wurd ein schöner Plan gemacht.
Und der Plan wurd Wirklichkeit.
Heute endlich ist's soweit;
herzlich dankt die Schülerschar:
Das neue Haus ist wunderbar!

ZUR EINWEIHUNG EINES KINDERHEIMS

(für drei frische Buben; der dritte sollte etwas älter sein)

1: Hohe Herren, verehrte Damen
und alle, die zu uns heut kamen,
die mitgebaut am neuen Heim
(das alte ging schon aus dem Leim):
Den Neubau brauchten wir schon lange.
Doch ist uns dreien etwas bange:
Wie schaut wohl dieses neue Haus
in drei-vier-fünf-sechs Wochen aus?

2: Wir wollen ehrlich heut versprechen,
daß wir dies Heim nicht gleich zerbrechen,
daß wir beim Basteln, Stemmen, Sägen
die Möbel nicht total zerlegen,
daß wir die Türen sanft anfassen
und auch die Wände stehen lassen,
weil sonst Verputz und Balken kämen.
Wir werden uns zusammennehmen!

3: Hohe Herren, verehrte Damen
und alle, die zu uns heut kamen:
Für alles, was Sie beigetragen,
wollen wir herzlich „Vergelt's Gott" sagen!

Johannes Mittermeier

ZUR EINWEIHUNG EINES NEUEN HORTES

(von einem Kindergarten-Kind aufzusagen)

Ich bin noch winzig klein.
Mir fällt fast gar nichts ein.
Drum sag ich nur fünf Worte:
Viel Glück im neuen Horte!

ZUR EINWEIHUNG EINER TURNHALLE

Ein neuer Bau war im Entstehn.
Wir haben hier oft zugesehn
vom Schulhof in der großen Pause.
Wir gingen öfter nicht nach Hause

und hätten gerne mitgeschafft,
doch niemand brauchte unsre Kraft.
Jetzt steht die Halle fertig da,
und wir? – Wir rufen laut: Hurra!
Ein neues Haus für Sport und Spiel.
Es macht viel her und kostet viel.
Doch freun sich alle, groß und klein:
Dies Bauwerk soll gesegnet sein!

ZUR SCHWIMMBAD-ERÖFFNUNG

(Ruth und Christine)

R: Fest hab ich's mir vorgenommen:
heute wird im Bad geschwommen.
Wenn's nur etwas wärmer wär.
Huh, wie fürcht ich mich so sehr!

C: Aber Ruth! Willst du gleich weinen?
Wärmer noch als heute scheinen
kann die Sonne wirklich nicht.
Also, sei kein scheuer Wicht!

R: Ach, als Nacktfrosch kalt und fremd,
ohne Strumpf und ohne Hemd,
wie wird's mir im Wasser gehn?
Nein, es wird bestimmt nicht schön!

C: Mädchen, willst du's gar nicht wagen?
Wart, ich packe dich am Kragen,
und nun wuppdich! eingetaucht.
Wie sie prustet, wie sie faucht!

R: Ich und ängstlich gar? O nein!
Wasserscheu will ich nicht sein.
Baden macht mir großen Spaß!
Kommt ihr andern auch ins Naß?

C: Freunde, ja, wir spaßten bloß!
Freude ist's für klein und groß,
daß die Stadt ein neues Bad
heute hier eröffnet hat.

R: Baden, schwimmen ist gesund,
und wir haben guten Grund,
laut zu rufen: Allezeit
Glück und Freude, so wie heut!

NEUES MOTORRAD

Mit dem neuen Motorrrrrad
machst du Staat.
Doch wenn wir dich auch noch so loben:
Behalte Kopf und Helm stets oben!
Zu der Maschine, stark und neu:
Toi-toi-toi!

NEUES AUTO ODER FÜHRERSCHEIN

Unvollkommen ist der Mann
(der auch eine Frau sein kann),
wenn er in den Bus sich drückt.
Wandern? Das ist auch „verrückt“.
Doch wer drin im Wagen sitzt
und flott durch die Landschaft flitzt,
der ist zünftig, der ist wer,
und dazu gehört auch „er“.

Unser Simon (unsre Helga), das ist fein,
kriegte seinen (ihren) Führerschein!
(oder: nennt ein neues Auto sein...)

ZUM NEUEN AUTO

Du hast so lang darauf gespart,
du warst in die Idee vernarrt;
jetzt steht es da, bereit zur Fahrt:
dein Auto.
Zur Jungfernfahrt sind wir erschienen,
den Wagen festlich zu begrünen.
Mög es dir viele Jahre dienen:
dein Auto.
Die Neider sagen, daß es pufft,
daß es verdirbt die gute Luft.
Nun ja! – Doch du liebst diesen Duft:
dein Auto.

Behandle es recht liebevoll
und fahr nicht mit ihm los wie toll,
weil es niemand gefährden soll:
dein Auto.
Du fährtst es nicht aus Spinnerei,
du brauchst es dringend. Es macht frei
dich und mobil, und darum sei
gegönnt dir diese Liebelei:
dein Auto.

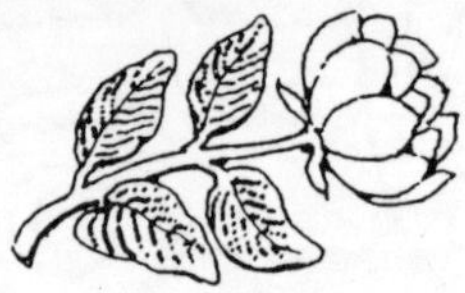

ZUM FÜHRERSCHEIN

Wenn jemand mit dem Auto fährt,
dann gibt es oft Gedränge,
besonders gegen Abend, denn
dann sind die Straßen enge.
Die Autos fahren nur im Schritt,
das geht dann sachte, sachte,
und wer um sechs daheim sein will,
kommt vielleicht erst um achte.
Du freust dich wie ein König fast,
und ich, ich find es fein,
daß du den Führerschein jetzt hast,
um auch „dabei zu sein“:
beim Warten in der Autoschlange
in Smog und Abgasduft.
Ich wünsch dir, daß dein Auto lange
mitmacht und sauber pufft!

EINLADUNG ZUM KAFFEEKLATSCH

(kann auf eine Karte geschrieben werden)

Liebe Freundin (Tante), setze Dich
auf die Bahn, besuche mich.
Gern bist Du willkommen hier.
Trinke den Kaffee mit mir.
Denn ein Schälchen voll Kaffee
mindert Sorgen, lindert Weh.
Wenn man in der Tasse rührt,
freundlich schwatzt, wie sich's gebührt,
und sich Zeit und Muße läßt,
wird ein Kaffeeklatsch zum Fest.
Schlürfst Du das Getränk mit Sahne
aus dem echten Porzellane,
dann vergehen Schmerz und Weh
wie der Zucker im Kaffee!

NEUES TELEFON ODER NEUE NUMMER

Laß dich durch keinen Fernspruch
aus deiner Ruhe bringen;
denk immer an den Kernspruch
des Götz von Berlichingen!

Reinhold Hector

LOTTOGEWINN

Oh, man nahm dich auf die Schippe,
denn dein ständiges Getippe
hielten wir für übertrieben.
Sieger bist du doch geblieben;
ja, jetzt hast du was davon:
Gratulation!

INS GÄSTEBUCH

Wer dankbar, weil zu Gast geladen,
verliert beim Essen schon den Faden,
da er mit Schrecken denkt das Ende:
daß er erwartete Legende
auf Gästebuches leere Seite
mit Geistesblitz und schnell verbreite.
Doch fehlt's am Geiste wie am Blitz –
der Eintrag wird zum flachen Witz,
mit dem der Gast sich jäh entwindet,
weil er kein passend Sprüchlein findet.
Die Reime tönen dürftig leer,
der Rhythmus hinkt mit Klumpfuß her.
Doch Pflicht ist Pflicht
beim Dankgedicht. –
Bleibt die Moral von der Geschicht:
Führ selber Gästebücher nicht!

Leo Ernstberger

ICH DANKE DIR

Ich schaue in Dein Gästebuch,
voll mit erlauchten Namen.
Die Reimerei wird mir zum Fluch,
die Verse, die mir kamen,
sie sind verschwunden, wie verhext,
beim Anblick schöner Schriften.
Nicht einer, der hier mal gekleckst.
Soll ich mich deshalb giften?
Still setz ich mich und schreibe hier
flott aufs Papier: Ich danke Dir!

INS GÄSTEBUCH

Mancher Gast
ist eine Last,
mancher bringt auch Freude.
Sagt mir, liebe Leute:
Hab ich euch gepaßt?

KLEINES STÜCK

Ich schreibe dieses kleine Stück
zu keines Menschen Leid und Glück.
Man kann's nicht trinken – kann's nicht essen,
man kann es ganz getrost vergessen.

Manfred Hausin

DES SÄNGERS FLUCH

Sitzt einer vor dem Gästebuch,
wird ihm das Reimen leicht zum Fluch.

Volkstümlich

5. Poesiealbum

Poesie-Alben sind immer noch „in“, nicht nur in Mädchenklassen. Oft wird man gebeten, etwas in solch ein Album hineinzuschreiben, aber es fällt einem nichts ein. Für Album-Fans sollen die folgenden Verse eine kleine Anregung sein, es selber einmal mit witzigen Reimereien zu versuchen.
Bei nicht namentlich gekennzeichneten Versen in diesem Kapitel konnte die Autorschaft nicht festgestellt werden. Zum großen Teil handelt es sich dabei um Volksgut oder um Verse unbekannter Poeten und Dichterinnen.

ANFÄNGE & WIDMUNGEN

Alle Tag ein Stückerl weiter,
alle Tag ein bisserl gescheiter.

Dieses Buch ist mir lieb;
wer's mir stiehlt, ist ein Dieb.
Wer's mir aber wiederbringt,
ist ein gutes Kind.

*

Es hat der Autor, wenn er schreibt,
so was Gewisses, das ihn treibt.
Der Trieb zog auch den Alexander
und alle Helden miteinander.
Drum schreib ich auch allhier mich ein:
Ich möchte nicht vergessen sein!

*

Freund, ich soll Dir auf Begehren
etwas in Dein Stammbuch schreiben:
Stets sollst Du in meinem Sinne,
mich laß stets in Deinem bleiben.

F. v. Logau

*

Freund, so Du etwas bist,
so bleib doch ja nicht stehn.
Man muß von einem Licht
fort in das andre gehn.

A. Silesius

*

Was reif in diesen Zeilen steht,
was lächelnd winkt und sinnend fleht,
das soll kein Kind betrüben;
die Einfalt hat es ausgesät,
die Schwermut hat hindurch geweht,
die Sehnsucht hat's geschrieben.

C. Brentano

In manchem guten Weisheitsspruch
schläft oft im Keim ein ganzes Buch!

E. Rittershaus

*

Wenn sich die Sprüche widersprechen,
ist's eine Tugend und kein Verbrechen.
Du lernst nur wieder von Blatt zu Blatt,
daß jedes Ding zwei Seiten hat.

P. Heyse

BLÜTENKRANZ

Das ist im Leben häßlich eingerichtet,
daß bei den Rosen gleich die Dornen stehn,
und was das arme Herz auch sehnt und dichtet,
zum Schlusse kommt das Voneinandergehn.
In Deinen Augen hab ich einst gelesen,
es blitzte drin von Lieb und Glück ein Schein:
Behüt Dich Gott! Es wär so schön gewesen,
behüt Dich Gott, es hat nicht sollen sein!

V. v. Scheffel

*

Im Herzen tief innen ist alles daheim,
der Freude Saaten, der Schmerzen Keim.
Drum frisch sei Dein Herz und lebendig Dein
Sinn,
dann brausen die Stürme daher und dahin.
Du aber bist allzeit zu singen bereit:
Noch ist die blühende, goldene Zeit,
noch sind die Tage der Rosen!

O. Roquette

Der beste Mensch wird manchmal zornig,
kein Liebespaar kann immer kosen.
Die schönsten Rosen selbst sind dornig,
doch schlimm sind Dornen ohne Rosen.

F. Bodenstedt

*

Ein bißchen mehr Friede und weniger Streit.
Ein bißchen mehr Güte und weniger Neid.
Ein bißchen mehr Wir und weniger Ich.
Ein bißchen mehr Kraft, nicht so zimperlich.
Und viel mehr Blumen während des Lebens,
denn auf den Gräbern blühn sie vergebens.

P. Rosegger

*

Sei nicht wie das Veilchen im Moose,
sittsam, bescheiden und rein;
darfst ruhig wie die Rose
ein klein bißchen stachelig sein.

B. H. Bull

Duften tut sich Rosenstrauch,
duften tut sich Rose auch.
Doch was duftet besser wie
meine Freundin Rosmarie?

Nach A. Moszkowski

Nicht wie Rosen oder Nelken,
die heut blühn und morgen welken,
sondern wie das Immergrün,
so soll unsre Freundschaft blühn.

*

Über Rosen läßt sich dichten,
in die Äpfel mußt Du beißen.

J. W. v. Goethe

ERINNERUNG & FREUNDSCHAFT

Dein gedenk ich, still erfreut,
selbst noch in der Einsamkeit.
Ja, im dicksten Publikum
schwebt mein Geist um Dich herum.

W. Busch

*

Denk ich an Dich, dies ist kein Witz,
dann könnt ich winseln wie ein Spitz.
Wenn ich Dich seh, Du süße Nudel,
dann werd ich närrisch wie ein Pudel.
Dies schreibt in Freundschaft, noch und noch
Dein bester Kumpel – A. R. Schloch.

B.H. Bull

*

Ein Traum, ein Traum ist unser Leben
auf Erden hier.
Wie Schatten auf den Wolken schweben
und schwinden wir.
Und messen unsre trägen Tritte
nach Raum und Zeit;
und sind (und wissen's nicht) in Mitte
der Ewigkeit!

J.G. v. Herder

*

F rei
R edlich
E hrlich
U nverdrossen
N atürlich
D emütig

*

Freund, was Du tust, bedenk das End',
das wird die höchste Weisheit genennt.

H. Sachs

Leuchtende Tage!
Nicht weinen, weil sie vorüber.
Lächeln, weil sie gewesen.

*

Nutz den Frühling Deines Lebens,
leb im Sommer nicht vergebens,
denn gar bald stehst Du im Herbste.
Bis der Winter naht, dann sterbste,
und die Welt geht trotzdem heiter
immer weiter!

O. Reutter

*

Solang der Wind weht,
solang Wien noch am alten Platz steht,
solang die Wiener Würstel essen,
werde ich Dich nicht vergessen!

*

Sollte unsere Freundschaft platzen,
soll Dich gleich die Katze kratzen.
Sollten unsere Bande reißen,
soll Dich gleich der Wauwau beißen!

*

Vergessen und Vergessenwerden!
Wer lange lebt auf Erden,
der hat wohl diese beiden
zu lernen und zu leiden.

Th. Storm

*

Was vergangen, kehrt nicht wieder,
aber, ging es leuchtend nieder,
leuchtet's lange noch zurück.

K. Förster

Wenn zwei gute Freunde sind,
die einander kennen,
Sonn und Mond begegnen sich,
ehe sie sich trennen.

C. Brentano

*

Wer Freunde sucht, ist sie zu finden wert;
wer keine hat, hat keine noch begehrt.

G. E. Lessing

*

Wir sollen eben nicht in Ruhe bleiben!
Gleich wird uns, wenn wir zu genießen denken,
zur Übung unsrer Tapferkeit ein Feind,
zur Übung der Geduld ein Freund gegeben!

J. W. v. Goethe

*

Wie die Birne am Spalier,
Herbert, hängt mein Herz an Dir!

*

Wenn ich schon im tiefen Grabe
tagelang geschlummert habe,
dann lies diese Zeilen hier
und wein eine Träne mir!

LIEBE, LUST & LEID

Es ging ein Scheich im Syrerland,
führt ein Kamel am Halfterband.
O möcht solch Scheich, doch kein Barbar,
auch Dich einst führen zum Altar.

Parodie nach Rückert

*

Einst zogen die Drachentöter aus,
den Kampf mit dem Lindwurm zu wagen.
Heut hat gar mancher den Drachen im Haus
und darf ihn nicht erschlagen.

*

Was wäre die Welt ohne Heiterkeit,
was ohne Scherz und Lachen?
Nur eine düstre Strafanstalt,
nur eine Höhle für Drachen.

Ein Wahn, der uns beglückt,
ist eine Wahrheit wert,
die uns zu Boden drückt.

C.M. Wieland

*

Ich möcht Dich küssen auf den Mund,
denn Küssen ist so urgesund.
Der Kuß ist das Zusammenbauzen
zweier verliebter Menschenschnauzen.
Die Blicke werden tief und tiefer,
es nähern sich die Unterkiefer,
dann pflegt man mit geschlossenen Augen
sich aneinander festzusaugen,
wobei meist ein Geräusch entsteht,
als wenn die Kuh durch Matsche geht.

*

Ich schnitt es gern in alle Rinden ein,
ich grüb es gern in jeden Kieselstein,
ich möcht es säen auf jedes frische Beet
mit Kressensamen, der es schnell verrät,
auf jeden weißen Zettel möcht ich's schreiben:
Dein ist mein Herz, und soll es ewig bleiben!

W. Müller

*

Liebeslust, Tabak und Wein
stoßen den Menschen ins Grab;
schwört er allen dreien ab,
fällt er von selbst hinein.

R. Hector nach ital. Sprichwort

*

Mädchen, Karten und der Wein
sollen Deine Feinde sein.
Doch in der Bibel steht geschrieben,
Du sollst auch Deine Feinde lieben!

Musik, Gesang und Bier und Wein,
und dann die schönen Kinder:
wer dies nicht liebt, der ist von Stein.
Tröst Gott den armen Sünder.

*

Nenne mir den weiten Mantel,
drunter alles sich versteckt;
Liebe tut's, die alle Mängel
gern verhüllt und fleißig deckt.

F. v. Logau

*

O lieb, solang Du lieben kannst!
O lieb, solang Du lieben magst:
Die Stunde kommt, die Stunde kommt,
wo Du an Gräbern stehst und klagst!

F. Freiligrath

*

Oft ist die Heiligkeit,
womit sich kleine Seelen blähen,
bloß Mangel an Gelegenheit,
die Fehler andrer zu begehen.

G. K. Pfeffel

*

Was lieb sich hat mit Treuen,
das sucht ein einsam Örtchen gern,
wo's heimlich sich kann freuen,
von Lärm und Lauschern fern.

Schmidt zu Werneuchen

*

I laf you,
and you laf mi,
Laf ma mitanand:
wo laf ma hi?

Die Liebe ist wie eine Köchin,
verschmitzt bekocht sie Frau und Mann.
Dem einen macht das Mahl sie schmalzig,
dem andern gießt sie Essig dran.

B. H. Bull

*

Ich hab Dich geliebt
und im Herzen getragen.
Nun bist du verrutscht
und liegst mir im Magen.

*

Ich liebe Dich heiß wie der Bock die Geiß.
Als ich im Traum Dein Bild gesehn,
blieb mir vor Schreck der Wecker stehn.
Geschrieben in Eile bei nächtlicher Weile.
Schluß und Kuß! Dein Julius

*

Es ist der Mensch nicht gern allein:
Daher rührt alle seine Pein!

B. H. Bull

Ich lieb Dich so fest
wie der Baum seine Äst,
wie der Himmel seine Stern,
so hab ich Dich gern.

*

Ich liebe Dich!
Ich könnte Dir ohne Bedenken
eine Speiche aus meinem Rennrad schenken.

Parodie nach Ringelnatz

*

Wunderlichstes Buch der Bücher
ist das Buch der Liebe!
Aufmerksam hab ich's gelesen:
wenig Blätter Freuden,
ganze Hefte Leiden!

J. W. v. Goethe

HUMOR & NONSENS

Alkohol macht Birne hohl,
schafft neuen Platz für Alkohol.

*

Bist Du betrübt, dem Selbstmord nahe,
so magst Du folgendes probieren:
Lach Dich krank und lach Dich tot;
was Besseres kann Dir nicht passieren.

*

Die Made leckt an der Kaldaune,
es leckt am Regenwurm der Barsch.
Am Honig leckt der Bär, der braune,
und Du mein Freund? – Leb wohl, leb wohl!

*

Ein Blick in dieses Album
wirft das stärkste Kalb um.

*

Lustig leben, selig sterben,
heißt des Teufels Spiel verderben!

W. Müller

*

Ein Nilpferd saß am Nilesstrand,
rieb sich das Maul mit weißem Sand.
O möchte stets Dein Herz so rein
wie diese Nilpferd-Schnauze sein!

*

Es lebt der Eisbär in Sibirien,
es lebt in Afrika das Gnu,
es lebt der Säufer in Delirien,
in meinem Herzen lebst nur Du.

*

Was ein Winter ohne Schnee,
ist ein Schweißhund ohne „w".

W. Mitsch

Erfolg hat im Leben
und Treiben der Welt,
wer Ruhe, Humor
und die Nerven behält.

*

Genieße froh Wein, Weib, Gesang,
den Wein vor allen Dingen;
und rät der Arzt zur Mäßigkeit,
dann laß zuerst das Singen!

*

Gibt Dir das Leben einen Knuff,
so weine keine Träne:
Lach Dir 'nen Ast und setz dich druff
und baumle mit de Beene!

*

Lerne zu warten, warten ist hart,
aber bedenke: Kommt Zeit, kommt Bart!

*

Mit Lachen kommst Du durch die Welt,
mit Weinen, da ist's schlecht bestellt,
denn aller Weisheit goldenes Tor,
das ist gepflastert mit Humor.

*

Ohne Blumen, ohne Träume,
ohne schöne Purzelbäume,
ohne Wurst und ohne Speck
hat das Leben keinen Zweck.

*

Sei heiter!
Es ist gescheiter
als alles Gegrübel.
Gott hilft weiter;
zur Himmelsleiter
werden die Übel.

Th. Fontane

Sei ohne Furcht, hüpf ruhig zu!
Mach Sprünge wie ein Känguruh,
sei fest gepanzert, wenn's vonnöten,
wie die großen Landschildkröten.
Guck niemals neidisch oder scheel,
benimm Dich nie wie ein Kamel,
sei auch nicht duldsam wie ein Esel:
Viel lieber bleib der alte Schnösel!

B. H. Bull

*

Lache das Leben an!
Vielleicht lacht es zurück.
Zeig Deine Zähne, Mann:
Dir lacht das Glück.

Sei von Herzen froh!
Das ist das A und O.

J. W. v. Goethe

*

Wer des Lebens Unverstand
mit Wehmut will genießen,
der lehne sich an eine Wand
und strample mit den Füßen.

Parodie nach A. von Thümmel

*

Viel schöner bist Du, wenn Du lachst,
als wenn Du eine Schnute machst.

*

Willst Du wirklich von mir weichen,
teure Minka? (Fragezeichen.)
Nimmermehr – (Gedankenstrich)
nimmermehr verlaß ich Dich!

GLÜCK & ZUFRIEDENHEIT

Das Glück gleicht oft dem Schlingel,
der nachts vor Deinem Haus
zum Scherz reißt an der Klingel,
und dann kneift aus.
Wer über solches Treiben
sich ärgert, ist ein Tor.
Du mußt ans Haus nur schreiben:
„Hier wohnt Humor!“

*

Das Glück ist eine blinde Kuh
und läuft dem dümmsten Ochsen zu.

*

Das Glück ist eine leichte Dirne
und weilt nicht gern am selben Ort;
sie streicht das Haar Dir von der Stirne
und küßt Dich rasch und flattert fort.
Frau Unglück hat im Gegenteile
Dich liebefest ans Herz gedrückt;
sie sagt, sie habe keine Eile,
setzt sich zu Dir ans Bett und strickt.

H. Heine

*

Das Glück, kein Reiter wird's erjagen,
es ist nicht dort und ist nicht hier.
Lern überwinden, lern entsagen,
und ungeahnt erblüht es Dir.

Th. Fontane

*

Fortuna lächelt. Doch sie mag
nur ungern voll beglücken.
Schenkt sie uns einen Sommertag,
so schenkt sie uns auch Mücken.

W. Busch

Glück und Unglück,
beides trag in Ruh.
Alles geht vorüber,
und auch Du.

*

Hätte die Katze Flügel, kein Sperling wär in der Luft mehr;
hätte, was jeder wünscht, jeder: Wer hätte noch was?

J. G. v. Herder

*

Denk stets, wenn etwas Dir nicht gefällt:
„Es währt nichts ewig auf dieser Welt."
Der kleinste Ärger, die größte Qual
sind nicht von Dauer, sie enden mal.
Drum sein Dein Trost, was immer es sei:
„In fünfzig Jahren ist alles vorbei!"

O. Reutter

*

Der Erde köstlichster Gewinn
ist frohes Herz und reiner Sinn.

J.G. Seume

*

Das höchste Glück, o Menschenkind,
oh, glaube doch mitnichten,
daß es erfüllte Wünsche sind;
es sind erfüllte Pflichten.

K. Gerok

*

Genieße, was Dir Gott beschieden,
entbehre gern, was Du nicht hast!
Ein jeder Stand hat seinen Frieden,
ein jeder Stand hat seine Last.

C. F. Gellert

Gibt es Wolken, gibt's auch Regen,
gibt es Glück, dann gibt's auch Segen,
gibt es Eis, so gibt's auch Schnee,
und gibt's Kummer, folgt ihm Weh.
Laß Dich dadurch nicht verwirren,
denn wer hofft, der kann sich irren.
Geht was schief, muß auch was glücken,
und wird's Sommer, kommen Mücken!

*

Es ist umsonst, daß Dir das Glück gewogen ist, wenn Du nicht selbst erkennst, wie sehr Du glücklich bist.

A. Tscherning

*

Dem einen leuchtet der Sonnenschein,
dem andern schlägt der Hagel ein;
das liegt nicht an Kunst und Verstand:
Das Glück hat es in seiner Hand!

*

Soviel Dornen ein Rosenstock,
soviel Haare ein Ziegenbock,
soviel Flöh ein Pudelhund,
soviel Jahre bleib gesund!

In Deinen fröhlichen Tagen
fürchte des Unglücks tückische Nähe!
Nicht an die Güter hänge Dein Herz,
die das Leben vergänglich zieren!
Wer besitzt, der lerne verlieren;
wer im Glück ist, der lerne den Schmerz.

F. v. Schiller

*

Vom Unglück erst
zieh ab die Schuld,
was übrig ist,
trag in Geduld.

Th. Storm

*

Vielfach ist der Menschen Streben,
ihre Unruh, ihr Verdruß.
Auch ist manches Gut gegeben,
mancher liebliche Genuß;
doch das größte Glück im Leben
und der reichlichste Gewinn
ist ein guter, leichter Sinn.

J. W. v. Goethe

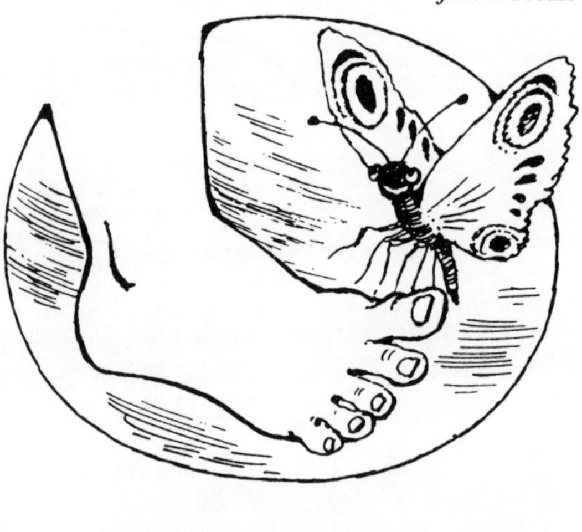

In einem langen Menschenleben
kann's nicht nur Glück und Freude geben.
Doch wünsch ich Dir, daß frohe Stunden
die trüben vielfach überrunden.

*

Unsere Zeit vergeht geschwind,
nimm die Stunden, wie sie sind.
Sind sie bös, laß sie vorüber;
sind sie gut, dann freu Dich drüber.

*

Voller Sonnenschein und eben
sei für Dich Dein ganzes Leben.
Doch liegt ein Stein im Weg, Babette,
so überhüpfe diese Stätte.

*

Wer Unglück hat, der stolpert im Grase,
fällt auf den Rücken und bricht sich die Nase!

A. F. E. Langbein

*

Willst Du Dich im Glück nicht ausgelassen freun,
im Unglück nicht unmäßig kränken,
so lern so klug wie Eulenspiegel sein:
im Unglück gern ans Glück,
im Glück ans Unglück denken.

Ch. F. Gellert

*

Der Mensch verfolgt mit starrem Blick
ein ihm entfliehend lächelnd Glück:
Er jammert um versagte Freuden;
erst wenn sie flüchtig scheiden,
erkennt und schätzt er sie.
Doch was er hat, genießt er nie.

J. P. Uz

LEBENSWEISHEIT & TROST

Die Tugend will nicht immer passen.
Im ganzen läßt sie etwas kalt,
und daß man eine unterlassen,
vergißt man bald.
Doch schmerzlich denkt manch alter Knaster,
der von vergangenen Zeiten träumt,
an die Gelegenheit zum Laster,
die er versäumt.

W. Busch

*

Erst unter Kuß und Spiel und Scherzen
erkennst Du ganz, was Leben heißt;
o lerne denken mit dem Herzen,
und lerne fühlen mit dem Geist.

Th. Fontane

*

Es gehört mehr Mut dazu,
seine Meinung zu ändern,
als ihr treu zu bleiben.

F. Hebbel

*

Es ist besser, auch nur eine Kerze anzuzünden,
als über die Finsternis zu jammern.

*

Flüchtiger als Wind und Welle
flieht die Zeit; – was hält sie auf?
Sie genießen auf der Stelle,
sie ergreifen schnell im Lauf,
dies nur hält ihr rasches Schweben
und die Flucht der Tage ein;
schneller Gang ist unser Leben,
laßt uns Rosen auf ihn streun!

J.G. v. Herder

Wer die Augen offenhält,
dem wird im Leben manches glücken.
Doch noch besser geht es dem,
der es versteht, eins zuzudrücken.

*

Heute und morgen –
wie eilig verweht!
Jauchzen und Sorgen –
alles vergeht!
Du aber lebe,
als läg Deine Zeit
vor Dir als ruhende Ewigkeit.
Tapfer handeln,
in Licht verwandeln
Dunkel und Not,
sei Dein Gebot!
Was Gutes Du tust
mit liebender Hand,
ist von Bestand.

L. Francke-Hagedorn

Lasse jedem seine Freuden,
gönn ihm, daß er sich erquickt,
wenn er sittsam und bescheiden
auf den eignen Teller blickt.
Wenn jedoch bei Deinem Tisch er
unverschämt Dich neckt und stört,
dann gib Du ihm einen Wischer,
daß er merkt, was sich gehört.

W. Busch

*

Mit Mädchen sich vertragen,
mit Männern rumgeschlagen,
und mehr Kredit als Geld:
So kommst Du durch die Welt!

J. W. v. Goethe

*

Freiheit besteht darin, daß man
alles tun kann, was niemandem schadet.

M. Claudius

*

Fröhlich sein, Gutes tun
und die Spatzen pfeifen lassen.

Don Bosco

Köpfe haben Dünkel,
Herzen haben Winkel:
Prüfe, was Du siehst!

F. v. Logau

*

Nenne nicht das Schicksal grausam,
nenne seinen Schluß nicht Neid.
Sein Gesetz ist ewge Wahrheit,
seine Güte Götterklarheit,
seine Macht Notwendigkeit.
Blick umher, o Freund, und siehe
sorgsam, wie der Weise sieht:
Was vergehen muß, vergehet,
was bestehen kann, bestehet,
was geschehen will, geschieht!

J.G. v. Herder

*

Sollst nicht murren, sollst nicht schelten,
wenn die Sommerzeit vergeht,
denn es ist das Los der Welten,
alles kommt und alles geht.

W. Müller

*

Wenn Dich die Lästerzunge sticht,
so laß Dir dies zum Troste sagen:
Die schlechtesten Früchte sind es nicht,
woran die Wespen nagen.

G.A. Bürger

*

Willst Du Dir ein hübsch Leben zimmern,
mußt Du Dich ums Vergangene nicht kümmern;
mußt stets die Gegenwart genießen,
besonders keinen Menschen hassen,
und die Zukunft Gott überlassen.

J.W.v. Goethe

Rastlos vorwärts mußt Du streben,
nie ermüdet stille stehn,
willst Du die Vollendung sehn;
mußt ins Breite Dich entfalten,
soll sich Dir die Welt gestalten;
in die Tiefe mußt Du steigen,
soll sich Dir das Wesen zeigen.
Nur Beharrung führt zum Ziel,
nur die Fülle führt zur Klarheit,
und im Abgrund wohnt die Wahrheit.

F. v. Schiller

*

Wenn über eine dumme Sache
mal endlich Gras gewachsen ist,
kommt sicher ein Kamel gelaufen,
das alles wieder runterfrißt.

*

Wer sich über alles freut,
hat nicht Zeit zum Klagen.
Tausend Freuden hat die Welt,
nicht nur tausend Plagen.

*

Wo viel Freiheit, ist viel Irrtum,
doch sicher ist der schmale Weg der Pflicht.

F.v. Schiller

*

Werde, was Du noch nicht bist,
bleibe, was Du jetzt schon bist;
in diesem Bleiben und diesem Werden
liegt alles Schöne hier auf Erden.

F. Grillparzer

GOTT UND DIE WELT

An Gottes Segen
ist alles gelegen.

*

Dieses ist das Bild der Welt,
die man für die beste hält:
Fast wie eine Mördergrube,
fast wie eines Burschen Stube,
fast so wie ein Opernhaus,
fast wie ein Magisterschmaus,
fast wie Köpfe von Poeten,
fast wie schöne Raritäten,
fast wie abgesetztes Geld
sieht sie aus, die beste Welt

J.W. v. Goethe

*

Gott erfüllt nicht alle unsere Wünsche.
Aber alle seine Verheißungen.

D. Bonhoeffer

Die Welt ist nicht aus Brei und Mus geschaffen.
Deswegen haltet euch nicht wie Schlaraffen:
Harte Bissen gibt es zu kauen;
wir müssen erwürgen oder verdauen!

J. W. v. Goethe

*

Die Welt ist wie ein Opernhaus.
Du kommst, Du siehst, Du gehst hinaus.

A. Gryphius

*

Die Welt, obgleich sie wunderlich,
ist gut genug für Dich und mich.

W. Busch

*

Gott gibt die Nüsse.
Aber er bricht sie nicht auf.

J. W. v. Goethe

*

Ganz leise spricht ein Gott in unsrer Brust,
ganz leise, ganz vernehmlich, zeigt er an,
was zu ergreifen ist, und was zu fliehn!

J. W. v. Goethe

Gott hat uns die Zeit geschenkt.
Von Eile hat er nichts gesagt.

*

Laß die Winde stürmen
auf des Lebens Bahn,
ob sie Wogen türmen
gegen Deinen Kahn:
Schiffe furchtlos weiter,
wenn der Mast auch bricht.
Gott ist Dein Begleiter,
er verläßt Dich nicht.

C.A. Tiedge

*

Laß nur den Menschen denken,
Gott wird es dennoch lenken!
Nein: Mag auch Gott es lenken,
der Mensch soll dennoch denken!

W. Müller

*

Leg's dem Leben nicht zur Last,
dünkt sein Werk Dich Plunder!
Wenn Du Märchenaugen hast,
ist die Welt voll Wunder.

V. Blüthgen

*

Mit Gott fang an, mit Gott hör auf.
Das ist der beste Lebenslauf.

*

Weiß nicht, woher ich gekommen,
weiß nicht, wohin ich werd genommen;
doch weiß ich fest, daß über mir ist
eine Liebe, die mich nicht vergißt.

J. Kerner

Schaue nicht dem Himmel zu;
auf der Erde steht der Schuh.

Aus dem Jahre 1678

*

Wer dieses Lebens Meer beschifft,
der danke Gott für jede Stunde,
die ohne Sturm verging,
mit jubelvollem Munde.

v. Alringer

*

Sei fromm und froh,
und laß das Grübeln,
dann bleibst Du frei
von allen Übeln.

*

Hans Adam war ein Erdenkloß,
den Gott zum Menschen machte;
doch bracht er aus der Mutter Schoß
noch vieles Ungeschlachte.

J. W. v. Goethe

*

Wir schlagen der Erde tiefe Wunden
und trampeln achtlos auf ihr herum.
Die Erde ist unsere nährende Mutter,
und seine Mutter bringt man nicht um.

*

Das größte Wunderding ist doch der Mensch allein:
Er kann, nach dem er's macht, Gott oder Teufel sein.

Angelus Silesius

*

Das Gute – dieser Satz steht fest –
ist stets das Böse, was man läßt.

W. Busch

So ist's nun mal auf dieser Welt,
und ich find's gar nicht gut:
Die kleinen Diebe hängt man,
vor den großen zieht man den Hut.

ZUM SCHLUSS

Ich hab mich hinten angewurzelt,
daß niemand aus dem Album purzelt,
und wer Dich lieber hat als ich,
der schreib sich – bitte – hinter mich!

Keiner fällt aus dieser Welt,
es sei denn, daß es Gott gefällt!

Nach C. F. Meyer

Und kommen wir wieder zusammen
auf wechselnder Lebensbahn,
so knüpfen ans fröhliche Ende
den fröhlichen Anfang wir an!

A.v. Kotzebue

*

Werd ich vor ein Album gezerrt,
das bringt mir oft Verdruß:
Ich fühl mich aufs Klosett gesperrt,
ohne daß ich muß.

*

Wohl dem, der so des Lebens Rolle spielt,
daß, wenn der Vorhang fällt, er keine Reue fühlt.

Hier auf dieser letzten Seite
will ich stehen winzigklein,
will zuletzt gelesen werden,
will zuletzt vergessen sein.

Kleines Nachwort

Wir können einem Buch nicht unbedingt von außen ansehen, was wirklich in ihm steckt. Aber wenn Sie, liebe(r) Buchfreund(in), diese Zeilen hier lesen, haben Sie den Band bereits geöffnet, konnten schon darin blättern und – lesen.

Bücher sind dazu da, gelesen zu werden. In unserem besonderen Fall kauften Sie diese doch recht umfangreiche Sammlung aber gewiß nicht nur, um darin zu blättern und zu lesen: Sie wollen, dürfen und sollen sie auch gezielt *benutzen.* Dieses Buch ist eine Mustersammlung zum Vorlesen und Vortragen für fast alle festlichen Anlässe des Jahres und des Lebens in Schule und Hort, Betrieb und Verein, Kirche, Gemeinde, Familie und Freundeskreis! Dabei sollen Sie frei über die angebotenen Werkstücke verfügen dürfen. Es ist durchaus nicht nötig, sich strikt an das vorgegebene Material zu halten; Sie dürfen und sollen es für den von Ihnen gewünschten Zweck verändern, ergänzen, umgestalten, aktualisieren, gegebenenfalls im Dialekt umformen, – jederzeit frei damit umgehen. Es ist immer wieder schön, einen lieben und verehrten Jubilar zu feiern: mit einem lockeren, unverkrampften Vortrag ist das leicht. Und ein auf den zu Feiernden zugeschnittenes Gedicht ist ein wirklich persönliches Geschenk, das Freude und Stolz hervorruft. Aus der Zeit unserer Großeltern wird überliefert: Der siebenjährige Peter soll anläßlich des Geburtstages seiner Mama wie seine größeren Geschwister sein Geburtstagsverslein aufsagen. Nachdem das Kind bereits zweimal steckengeblieben ist und ebenso oft das Verslein von vorn wiederholt hat, schimpft ihn sein Papa, daß Peter in lautes Weinen ausbricht. Nach erneuter Aufforderung durch den Vater beginnt der Kleine unter Tränen das dritte Mal mit den Worten des Gedichts:

> „Liebe Mama, mit heiterm Sinn
> komm ich vergnügt und tret' vor dich hin…"

So sollte der „große Auftritt" eigentlich nicht verlaufen. In diesem Falle wär's besser gewesen, der kleine Vortragskünstler dürfte seinen Vers vom Blatt ablesen oder Vati (oder die Oma) würden bei einem Steckenbleiben schnell selber einspringen, das Gedicht könnte „mit verteilten Rollen" aufgesagt werden o.ä. Nicht nur dem Gefeierten eine Freude zu machen, soll unser Ziel sein: auch dem Vortragenden sollte die Darbietung Spaß machen; Tränen und Leid gibt es schon genug auf dieser Welt!

Ihnen allen viel Frohsinn, Heiterkeit und gute Laune wünschen

Verlag und Herausgeber

DAS ALLERLETZTE

Dichten kann ich nun nicht mehr,
denn mir fehlt die Muse.
Wenn Du weitre Verse willst,
sei so gut, mach Du se!

QUELLENHINWEISE

S. 7: Bettina Wegner, „Kinder“, aus: Bettina Wegner, WENN MEINE LIEDER NICHT MEHR STIMMEN. rororo 4399, Copyright © 1979 by Rowohlt Taschenbuch Verlag GmbH, Reinbek bei Hamburg

S. 14, 23, 70: Elli Michler (unveröffentlichte Gedichte)
S. 17, 18, 45 und 65 f.: Elli Michler, DIR ZUGEDACHT. Wunschgedichte, Don Bosco Verlag, München 1991 (7. Auflage)
S. 73: Elli Michler, DEIN IST DER TAG, Don Bosco Verlag, München 1992

S. 17, 46, 52, 56 f.: Henriette Syndikus, KINDER SINGEN UND GESTALTEN. Neue Lieder und Werkarbeiten im Jahreskreis, Don Bosco Verlag, München 1986 (3. Auflage)

Alle übrigen Abdrucke erfolgten mit freundlicher Erlaubnis der Autoren.
Namentlich nicht gekennzeichnete Beiträge stammen vom Herausgeber, mit Ausnahme des Kapitels 5: Poesiealbum.

Bruno Horst Bull (Hrsg.)

Wir freuen uns auf Weihnachten

Geschichten für Kinder von 3 – 8

Namhafte Autoren lassen die Kinder in 25 Geschichten jeweils einen Gedanken des Weihnachtsgeschehens anschaulich erleben. Sie bringen den kleinen Zuhörern in Kindergarten, Hort und Heim, Grundschule und Elternhaus die christliche Weihnachtsbotschaft auf eine kindgemäße Art nahe, ohne sachlich zu verharmlosen oder zu verkitschen.

Zusätzlich ist auch die *biblische Weihnachtsbotschaft* selbst in einer für *Kinder verständlichen Sprache* aufgenommen.

Adventsbrauchtum und besondere Gedenktage (Barbara, Nikolaus) kommen in den Geschichten ebenso zu Wort wie eine kritische, aber doch liebenswürdige Erzählung zum Problem des Weihnachtsmannes. Ergänzend sind einige passende Gedichte aufgenommen.

Die Geschichten machen den Kindern Freude und eignen sich gleichzeitig hervorragend für eine gute Vorbereitung auf das Fest der Geburt Jesu. Im Anschluß an das Vorlesen wird sich jeweils leicht die Chance eines Gesprächs mit den Kindern ergeben.

Ein Buch, das die christliche Botschaft der Menschwerdung für Kinder „übersetzt“, ohne Weihnachtszwerge, Elfen, sprechende Tannen oder barfüßige Kindlein...
Eine sorgfältige Sammlung, die aus der Menge des Weihnachtskitsches herausragt, – ansprechend illustriert von Erika Meier-Albert.

Format: 13,2 x 20,8 cm.
3. Auflage, 144 Seiten, illustriert,
kartoniert, ISBN 3-7698-0586-0.

Zu beziehen durch
jede Buchhandlung.

DBV
DON BOSCO
VERLAG
Sieboldstraße 11
8000 München 80

Bruno Horst Bull

So feiern wir Fasching

Ein Werkbuch

Gerade eine Faschings-, Karnevals-, Fas(t)-nachts-Fete braucht, soll sie wirklich Spaß bringen, vor allem auch zündende „Einlagen“! Hier liegen Sie mit diesem Werkbuch richtig. Egal ob für eine Kinder- oder Jugendgruppe – ob man unter sich feiert oder einen Bunten Abend für Eltern gestaltet, für eine Feier in der Schule, ein Fest oder Ball einer Kirchengemeinde, eines Vereins oder Betriebs, und natürlich auch für private Feiern: Hier finden Sie eine Menge kunterbunt durchgedrehter, ehrlich irrer, teils auch übergeschnappter Beiträge – in Vers und Prosa, Solovorträge, witzige Dialoge, gespielte Witze, Sketsche, Kurzszenen, Lieder... Alles närrische, pointierte Kurzbeiträge, mit denen Sie so richtig auf die Pauke hauen können ohne mörderische Probenarbeit.

Wenn Sie nur Ihre aktuellen, auf konkrete Personen und Vorkommnisse zugeschnittenen „Lokalspitzen“ in die Vorlagen einbauen – manchmal werden schon eine Namensänderung, zwei/drei eingeschobene Sätze oder die Dialektform genügen –, ist bestens gesorgt für Ihre fröhlich-frechen Faschingsfeten!

Format: 17,5 x 19,5 cm.
72 Seiten, illustriert, kartoniert.
ISBN 3-7698-0635-2.

Zu beziehen durch
jede Buchhandlung.

DBV
DON BOSCO
VERLAG
Sieboldstraße 11
8000 München 80